权威·前沿·原创

皮书系列为
"十二五""十三五""十四五"国家重点图书出版规划项目

BLUE BOOK

智库成果出版与传播平台

辽宁文化蓝皮书
BLUE BOOK OF LIAONING CULTURE

辽宁文化发展报告 (2021~2022)

ANNUAL REPORT ON THE DEVELOPMENT OF CULTURE IN LIAONING（2021-2022）

主　编／王慎十　牟　岱
副主编／杨　波　张思宁　房贵新

社会科学文献出版社
SOCIAL SCIENCES ACADEMIC PRESS（CHINA）

图书在版编目（CIP）数据

辽宁文化发展报告 . 2021~2022 / 王慎十，牟岱主编 . -- 北京：社会科学文献出版社，2022.7
（辽宁文化蓝皮书）
ISBN 978 - 7 - 5228 - 0018 - 9

Ⅰ . ①辽… Ⅱ . ①王…②牟… Ⅲ . ①文化发展 - 研究报告 - 辽宁 - 2021 - 2022 Ⅳ . ①G127. 31

中国版本图书馆 CIP 数据核字（2022）第 062500 号

辽宁文化蓝皮书
辽宁文化发展报告（2021~2022）

主　　编／王慎十　牟　岱
副 主 编／杨　波　张思宁　房贵新

出 版 人／王利民
组稿编辑／邓泳红
责任编辑／吴云岑　吴　敏
责任印制／王京美

出　　版／社会科学文献出版社 · 皮书出版分社（010）59367127
　　　　　地址：北京市北三环中路甲 29 号院华龙大厦　邮编：100029
　　　　　网址：www. ssap. com. cn
发　　行／社会科学文献出版社（010）59367028
印　　装／天津千鹤文化传播有限公司

规　　格／开　本：787mm × 1092mm　1/16
　　　　　印　张：13.25　字　数：195 千字
版　　次／2022 年 7 月第 1 版　2022 年 7 月第 1 次印刷
书　　号／ISBN 978 - 7 - 5228 - 0018 - 9
定　　价／128.00 元

读者服务电话：4008918866

编委会

主　　　　　编　王慎十　牟　岱

副　　主　　编　杨　波　张思宁　房贵新

撰　稿　人　员　（以姓氏笔画为序）

　　　　　　　　王　焯　王彤菲　刘雨涵　齐　心

　　　　　　　　李松石　汪　萍　张　妍　张兆丰

　　　　　　　　张思宁　陆国斌　陈　亮　宫　旭

　　　　　　　　郭莲纯　崔　健

项目总策划和总编校　牟　岱

主编简介

王慎十 鲁迅美术学院党委书记，教授。曾在《光明日报》发表《传承鲁艺红色基因 绘就最美时代画卷》《延安鲁艺艺术教育教什么》等文章，先后在《中国社会保障》《东北大学学报》《辽宁日报》《艺术工作》《西北美术》《文化学刊》发表多篇文章。主编了《新中国高等美术教育70年——从延安走来（鲁美卷）》，担任《个人账户管理》（全国社会保险干部培训统一教材）副主编，合著了《宏观经济理论与区域经济发展专题研究》等学术著作。

牟 岱 辽宁社会科学院党组成员、副院长，二级研究员，博士，博士生导师。国务院政府特殊津贴专家，中组部"国家哲学社会科学领军人才"，全国"四个一批"人才（理论人才），全国首批文化名家。主要从事东北亚国际政治问题、新型智库管理、科技创新、文化和哲学等研究。兼任辽宁省欧美同学会副会长，辽宁省重点学科带头人，辽宁省重点智库负责人和首席专家，辽宁省委、省政府决策咨询委员会委员，沈阳、本溪、营口市委市政府决策咨询委员会委员。沈阳工业大学管理学院名誉院长，特聘教授。著作有《民生哲学问题研究》（人民出版社，2011）、《形而上至形而下的路径》（社会科学文献出版社，2012）、《暗示认知学》（人民出版社，2018）等10余部，主编《辽宁文化产业发展报告》《辽宁省品牌发展报告》《辽宁省文化事业发展研究报告》等图书20余部。发表学术论文和研究报告200余篇，其中40余篇研究报告获得中央和国家领导批示和采用，60余项研究成果获得省部级领导批示采用。承担和完成国家社科基金重大专项课题等各类科研项目20余项。研究成果获得辽宁省哲学社会科学优秀成果奖一等奖、二等奖多项。

序　言

　　《辽宁文化发展报告（2021～2022）》（以下简称2022年辽宁文化蓝皮书）是关于辽宁文化发展的年度性研究报告，是辽宁文化事业与文化产业研究的重要智库型成果。由鲁迅美术学院、辽宁社会科学院等的有关专家学者历时一年有余研创完成。党的十九大报告明确指出，坚定文化自信，推动社会主义文化繁荣兴盛，推动文化事业和文化产业发展。大力发展文化事业和文化产业是更好地实现人们的文化权益、丰富人们的精神世界、促进人的全面发展和社会全面进步的重要途径，也是辽宁打赢决胜全面建成小康社会攻坚战、实现辽宁老工业基地新一轮全面振兴的关键。

　　2022年辽宁文化蓝皮书全书由总报告、文化事业篇、文化产业篇和融合发展篇构成，体现了辽宁文化发展的热点、难点和关键问题，符合当前党中央发展文化事业的整体思路。2020年，辽宁省政府工作报告将发展文化事业和文化产业上升到新的高度，明确指出："推进文化强省建设，深化文化体制改革，繁荣文化事业，壮大文化产业，让人民群众享有更好的精神产品。"辽宁省委、省政府高度重视文化发展，采取了切实有力的措施加以推进。

　　2021年，辽宁文化事业、文化产业和旅游业取得了长足发展，文艺创作、公共文化服务体系建设、文化和旅游产业领域供给侧结构性改革加强，人民群众对美好生活需要的获得感明显增强，人们的精神面貌与辽宁省风清气正的良好氛围相得益彰。2022年辽宁文化蓝皮书紧跟辽宁省委、省政府发展文化的思路与目标，全面记录这一波澜壮阔的历史进程。在省委、省政

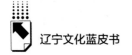

府领导下取得的辽宁文化发展业绩得到了中央领导的肯定，将文化建设摆在全局工作的重要位置、纳入经济社会发展总体规划，将文化改革发展成效纳入科学发展考核评价体系。因此，辽宁文化蓝皮书的定位为省委、省政府关于文化发展的决策参考，并为辽宁文化大发展大繁荣做出应有的贡献。

成绩与问题总是相伴而生的，我们需要展示辽宁文化发展取得的成绩，反映辽宁文化发展中存在的问题；展示辽宁人民在省委、省政府领导下，建设文化强省的热情与信心，也对在这种热情下被忽视的、影响发展的瓶颈问题进行冷静的思考和理性的分析。辽宁在文化发展中存在很多难点和亟待解决的问题，需要对之进行理性分析并提出应对措施。很多潜在的问题更需要去发现，应在实践中处理好批判与继承、现实与未来、相对与绝对的关系，2022年辽宁文化蓝皮书既弘扬主旋律又体现多样化风格。当前，辽宁公共文化服务在标准化均等化方面还有一定差距。每年的蓝皮书将向社会推介辽宁文化品牌，介绍辽宁文化发展情况，为来辽宁参观、投资的人士提供信息参考。同时，也对文化发展中的辽宁问题进行思考，为政府提供咨询建议。

就研究视角而言，文化发展研究追求综合的研究视角。从知识的学习和创新角度而言，一切科学都是分门别类的，这种思维曾经客观上促进了欧美各国的工业革命，推动了世界近现代历史的发展。但在丰富多彩的生活层面，一切又都是实践的、综合的。文化生活也一样是实践的，文化发展的研究也需要一种综合的视角。本书研究团队要求成员以一个生活实践中的文化人身份，产生"文化自觉"意识，既作为生活中的人，也作为具有创新思维的个体，多维度展示所研究的文化行业发展状态与发展趋势。因此，要求编者深入生活、搞好调查工作，把鲜活的素材提炼为一种理性的结论。从研究方法看，需要一种定性的研究方法，更需要一种定量的研究方法。本书研究团队一直以此为研究标准，和省内相关厅局以及文化产业界保持联系，对于数据的分析力求体现专业视角，还注重个案实证分析。本书也注重对文化发展形势的预测性研究，具有前瞻性视野。社会科学研究的功能不仅在于论证现实，更重要的在于预测未来。哲学社会科学的创新研究不是针对现实具体问题的简单的意见表达，向上级、领导或委托单位提交的情况反映、调研报告，以及完成政府部门招标的为现实服务的课题。真正的科学探索创新是要揭示事物的本质特征，指出事物发展的客观规律，预示事物发展的前景。对当前的实际问题进行研究固然很重要，但更重要、更有价值的是前瞻性、战略性和全局性研究。科学的重要功能之一就是预测。虽然有些预测不一定能成为现实，但对人类社会发展起着警示的作用，对未来会产生重大影响。

摘　要

《辽宁文化发展报告（2021～2022）》全面记录了辽宁省委、省政府发展文化的思路与目标，由鲁迅美术学院、辽宁社会科学院等的有关专家学者研创，是辽宁文化事业与文化产业研究的重要智库型成果。全书由总报告、文化事业篇、文化产业篇和融合发展篇组成，着力展示辽宁文化发展的热点、难点和关键问题，提出了具有可操作性的建议。

辽宁将文化建设摆在全局工作的重要位置、纳入经济社会发展总体规划，将文化改革发展成效纳入科学发展考核评价体系。本报告展示了辽宁文化发展取得的成绩，也反映了辽宁文化发展中存在的问题，还提出了破解瓶颈问题的对策建议。更为重要的是指出了很多潜在的问题，论证了在实践中处理好批判与继承、现实与未来、相对与绝对的关系，既弘扬主旋律又体现多样化的风格。

辽宁省委、省政府高度重视文化发展，在政府工作报告中明确指出，推进文化强省建设，深化文化体制改革，繁荣文化事业，壮大文化产业，让人民群众享有更好的精神产品。并采取了切实有力的措施，将发展文化事业和文化产业上升到新的高度。辽宁文化事业发展、文化产业发展、文化事业与文化产业融合发展在经济社会发展中扮演着无可替代的角色。辽宁省委、省政府及时出台切实有效、整体协同的扶持政策，积极应对文化交流因疫情遭受的冲击，推动文化交流的融合发展及市场化、法治化的并购重组，进一步发挥文化金融的扶持作用，刺激文化消费，采用新技术和新手段，加强内容创意和科技创新，推动文化交流高质量发展。辽宁文化发展为经济社会发展

服务，新冠肺炎疫情期间，文化发展受到了严重的影响，但是，信息时代的
网络平台为辽宁文化事业发展、文化产业发展、文化事业与文化产业融合发
展开拓了空间。文化得到了全新发展，这既是文化事业发展的创新点，也是
文化产业新的增长点，还是文化事业与文化产业融合的融合点。

关键词： 辽宁　文化事业　文化产业

目 录 ⤵

Ⅰ 总报告

Ⅱ 文化事业篇

Ⅲ 文化产业篇

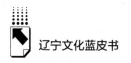

Ⅳ 融合发展篇

皮书数据库阅读**使用指南**

总 报 告

General Report

B.1
辽宁文化发展报告

张思宁　齐心*

摘　要： 新冠肺炎疫情期间，辽宁文化发展受到了较大的影响，但是，信息时代的网络平台为辽宁文化事业发展、文化产业发展、文化事业与文化产业融合发展开拓了空间。文化发展在受到新冠肺炎疫情影响的同时，在线上也得到了全新延展，这是文化事业发展的创新点，也是文化产业新的增长点，还是文化事业与文化产业的融合点。由于新冠肺炎疫情的不确定性，以及信息的便捷性，线上文化发展将突飞猛进，而且呈现线上线下相结合的特点。在文化发展的同时，也出现一些问题，诸如文化交流尚未形成国际化文化产业链，制度因素制约公共文化服务发展，缺少"文化+"等产业新业态的探索，缺乏创新意识和趋势前瞻性，文旅融合程度需要逐步提高，政府部门的参与意识不强，对旅游的扶持力度

---

* 张思宁，辽宁社会科学院哲学研究所所长、研究员，研究方向为文化哲学；齐心，辽宁社会科学院哲学研究所副研究员，研究方向为文化哲学。

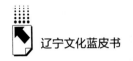

不够。旅游文化产业规模化发展需要政府引导，"互联网＋"和"双创"时代信息渠道、交流平台、营销网络对于国际化经营至关重要，要加大财政扶持力度，探索"文化＋"等产业新业态将成为文化产业发展的态势；推进文化与金融创新发展，政府和金融机构、社会资本需要大力快速推动全省文化与金融全面融合，引导和带动金融业加大对文化产业的支持力度，加强文化与金融结合的真正实践。

关键词： 文化事业　文化产业　"文化＋"

新冠肺炎疫情使人们的文化生活面临威胁，全球的文化事业受到了严重的影响。辽宁文化事业、文化产业、文化事业与文化产业融合在经济社会发展中扮演着无可替代的角色。辽宁省委、省政府及时出台切实有效、整体协同的扶持政策，积极应对文化交流因疫情遭受的惨烈冲击，推动文化交流的融合发展及市场化、法治化的并购重组，进一步发挥文化金融的扶持作用，刺激文化消费，采用新技术和新手段，加强内容创意和科技创新，推动文化交流高质量发展。经济社会发展是重要的时代课题，一个地区的文化发展总是同经济社会发展的总体形势密切相关，辽宁在文化事业、文化产业及其融合发展上取得了成就。

一　辽宁文化发展总体形势分析

（一）文化事业线上线下同步进行

1.线上线下同步发展

文化事业创新适应了信息时代发展，以线下结合线上的形式开展对外文化交流活动、公共文化服务、文物博物馆事业公共文化服务、非物质文化遗产的普及与保护、文化产业创新的"互联网＋"模式，线上不仅可以缓解疫情带来的不可为，而且成为线下的空间拓展。对外文化交流活动以线上为主，应用 5G 直播平台，实现了同蒙古国、埃及、俄罗斯、葡萄牙、英国、美国、加拿大等国家的文化交流，辽宁歌剧院（辽宁交响乐团）与埃及开罗歌剧院、开罗交响乐团联合举办了两场 5G 直播线上音乐会，每场音乐会在线收看观众都超过 500 万人次；通过网络进行剧目的创作研讨，用多种艺术语言线上传播中国故事，在线上开辟一系列丰富多彩的人文"云"国际交流空间，线上"用民间艺术讲述脱贫故事"，云端推介辽宁优秀非遗产品；在所有公共文化和旅游场所暂时关闭期间，推出一系列线上服务，公共文化场馆主动开放数字资源，使市民足不出户在网上就能看展览、听讲座、参加其他文化活动、了解防疫常识；公共文化示范区社会参与实践丰富，激活公共文化服务建设内生动力，探索"互联网＋"文化志愿服务模式，在内容、方式和活动载体上实现创新，为艺术院团、图书馆、博物馆、美术馆、文化馆等文化单位打造教、学、帮、带模式，打造具有集团特色的文化志愿服务模式。

2. 打造高质量的公共文化服务

不断推进公共文化服务标准化，基本实现省、市、县、乡、村五级公共文化服务网络覆盖，免费开放基层公共图书馆、文化馆、博物馆、美术馆、纪念馆、综合文化服务中心；公共文化服务的供需对接，提升了公共文化服务质量，实现数字文化场馆"互联网＋公共文化"建设，打造"城市书房""文化驿站"等公共文化服务项目，实施社会化运营试点，吸引社会组织参与公共文化服务合作；公共文化服务精品力作层出不穷，不断满足人民群众精神文化新期待，不同艺术形式、不同题材风格作品从不同角度反映了辽宁振兴发展、全面建成小康社会、脱贫攻坚等时代主题。公共文化服务数字化愈益完善，辽宁文化云独具特色。

3. 探索"非遗＋"新模式

在第五批国家级非遗项目名录中，辽宁省已有 76 项（含扩展项目）被收入国家级非物质文化遗产项目，包括民间文学、传统音乐、传统舞蹈、传

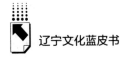

统戏剧、曲艺、传统技艺、传统医药、民俗等十大类；开拓创新融合发展，探索"非遗+"新模式，通过常态化、公益性的非遗活动和多元化、人性化服务，弘扬优秀传统文化。"非遗+"新模式已成为展示辽宁风貌、传递辽宁声音、提升辽宁形象、讲好中国故事的新途径。

4.公共文化线上服务

博物馆相继推出了云游博物馆、博物馆讲堂等线上服务，"中国博物馆热搜榜"2020年第四季度全国热搜博物馆百强榜单发布，按照展览、公众、传播、品牌四个维度，设置原创指数、学术指数、参观指数、互动指数、热搜指数、发布指数等共计20项指数作为评价依据，每时每刻成千上万的网络查询数据的统计和分析，折射出博物馆受网友关注的程度。梨视频陆锰发布的《走访"九·一八"纪念馆》荣获个人优秀创作奖，沈阳"九·一八"历史博物馆荣获优秀组织奖。各短视频平台视频总播放量突破10亿次，微博话题"追寻先烈足迹"引起广泛关注和热烈反响，阅读数达3.6亿，讨论数达3.1万。

（二）文化产业创新的"文化+"模式

1.文化产业规模发展

辽宁文化企事业单位改革取得实效，新闻出版单位政企分开，职能发生转变，建构现代企业制度，国有企业实行战略改组，资源得到优化配置，市场竞争力显著提升，初步形成了规模文化产业，广播电视、新闻出版、文艺、体育、旅游等在国内的排名靠前；东北特色文化有很大市场，诸如小品、评书、评剧、二人转等；辽宁的文化资源较丰富，既有史前的，也有汉、唐、辽、清等留下的文化遗产，尤其是红山文化遗址、沈阳故宫、关外三陵、九门口长城等；兴建了辽宁大剧院、辽宁博物馆、辽宁彩电塔等标志性文化地标，这些完全符合现代人的文化需要，具有广阔的发展空间。

2.政府给予足够的政策支持

辽宁以奖代补支持文化产业发展，从2020年开始，省级财政按年统筹安排资金，在投入方式上进行创新，用以奖代补和贷款贴息助力文化产业发展；高新技术文化企业减按15%税率征收所得税，将文化产业支撑技术等领域的企业，认定为高新技术企业减按15%的税率征收企业所得税；为支持文化产业发展，财政安排文化产业发展专项资金，近两年，省财政预算每年安排文化产业发展专项资金1亿元，政策的支持力度还会加大。

3. 突出"旅游+文化"品牌建设

辽宁省委、省政府高度重视乡村旅游事业发展，采取《关于促进乡村旅游可持续发展的实施方案》等一系列政策和措施，发挥乡村旅游的综合带动作用，乡村旅游、乡村民宿蓬勃兴起，一批在北方具有示范意义的优秀品牌和成功案例涌现，成为辽宁旅游新名片；文化和旅游深度融合，旅游产品供给推陈出新，促进旅游市场持续升温，以市场为导向的文旅品牌融合发展取得显著效果；实施乡村旅游精品和休闲农业工程，推出"红色旅游+乡村""红色旅游+民俗""红色旅游+生态"等"旅游+"特色产品，春季旅游供给丰富，市场新需求得到满足，开发家庭农场和休闲现代农庄等新业态，充分传承岫玉、紫砂、玛瑙、辽砚和满绣、剪纸等传统技艺，创新二人转、满族皮影、高跷、地秧歌等优秀民间戏曲曲艺表现形式，大力开发乡村文化旅游产品，让地域特色文化可触摸、可体验。支持发展乡村旅游"后备箱工程"和旅游商品开发，本着"一村一品、一村一特色"的发展理念，打造以农业认养、果蔬采摘、特色美食为主题的特色小镇，提供了精彩纷呈的文旅产品和服务，以质量树立乡村旅游品牌。

4. 文化"云"品牌建设不断增强

辽宁以国家"加快建设数字中国"战略部署为指导，落实工业互联网、5G网络、数据中心建设工作初步取得了进展，"云"品牌大幅度增加。冬季旅游品牌知名度大幅提升，"数字+"赋能的文化"云"品牌内容丰富，形式多样，"数字+"成为文化活动的首选形式。辽宁的文化品牌建设充分展现了文化"云"系列成果，诸如2020年，辽宁文化演艺集团文化惠民月活动主题为"云"享文化、健康生活，推出七大系列——"云剧场""云战疫""云阅读""云展览""云旅游""云直播""云课堂"百余项活动，实现线上视听、阅读、直播、赏析优质的文化产品；创新服务方式，统筹优势资源，通过"辽宁文化云"平台以及自媒体平台，全方位集中提供丰富的数字文化服务。

（三）文化事业与文化产业融合发展

1. 文化事业与文化产业融合发展不断变化

辽宁文化及相关产业增加值中，内容创作生产、文化传播渠道、文化服务生产和中介服务、创意设计服务、文化消费终端生产、文化娱乐休闲服务、新闻信息服务、文化装备生产、文化投资运营所占比重不断变化，受到新冠肺炎疫情影响，线上服务大幅增加，文化事业与文化产业融合发展将进一步发生变化。

2. 文化事业投入可能会下降

近年来，辽宁全社会固定资产投资呈减缓态势，文化产业固定资产投资约占1%，呈现减缓趋势。辽宁文化产业事业更加重视广播电视电影和影视录音制作业发展，在此领域加大固定资产投资，在文艺娱乐等其他方面减少了投入；2019年全国文化、体育和娱乐业的固定资产投资增长13.9%，相比之下，辽宁文化、体育和娱乐业的固定资产投资较上年下滑24.1%，辽宁的文化产业投入不够；尽管辽宁省人民政府颁布了《辽宁省应对新型冠状病毒感染的肺炎疫情支持中小企业生产经营若干政策措施》，对文化及相关产业的中小企业、文化类产业园区、文化项目给予财政补贴、房租减免、减税降费、贷款贴息等大力度扶持；政府在全省范围内累计发放各类消费券、红包等补贴近2亿元，加大文化事业投入力度，保障了文化消费供给，但是，就文化事业发展的需求而言，依然是杯水车薪。辽宁城镇居民、农村居民以及居民人均在文化娱乐消费方面的支出水平普遍高于全国平均水平，文化及相关产业的消费需求旺盛、消费能力相对较强，因此文化供给力度需要加大，文化事业投入与文化需求的矛盾将大幅度拉大，辽宁需要加大相关文化产业投入。

3. 文化产业园区建设初具规模

辽宁省各地级市有各类产业园约 1274 个，其中沈阳市 438 个、大连市 318 个，数量上在全国排名第 15 位，规模不一、占地面积不等的文化类产业园区超过 200 家。这些产业园如果能发挥各自作用，将为全省文化金融发展释放巨大社会和经济效能。根据《辽宁省落实振兴东北科技成果转移转化专项行动实施方案三年行动计划（2018—2020 年）》，到 2020 年，全省高新技术企业达到 4000 家，省级以上高新技术产业开发区达到 20 个，省级以上众创空间达到 280 个，培养和引进 20 名杰出人才、700 名领军人才、700 名青年拔尖人才和 200 个高水平创业创新团队。全省重点文化产业园区加快众创空间、大学科技园等科技成果转化载体建设，进一步加强科技创新孵化联盟。

二 辽宁文化发展存在的主要问题

2020 年辽宁文化事业发展、文化产业发展、文化事业与文化产业融合发展取得了一定成绩，在抗击新冠肺炎疫情中获得新的发展机遇。但是，依然存在制约辽宁文化发展的因素，亟须得到解决。辽宁文化发展水平比较低，不仅存在缺乏创新精神、难以实现可持续发展、市场意识薄弱、开拓精神匮乏、管理体制僵化、传播手段滞后等一系列问题，而且存在文化创新发展过程中的问题。

（一）文化事业发展存在的问题

1. 文化交流尚未形成国际化的文化产业链

辽宁的文化企业在国际知名度、品牌影响力、国际化水平等方面较弱。文化企业在对外发展中缺乏国际化战略，多数文化企业的海外传播渠道有限，多数文化企业产品开发和运营的国际化水平低，缺乏熟悉海外市场及文化差异的产品策划、推广和运营人才；精品化力度不够，尚无问鼎世界的文化产品和服务，在国际竞争中处于劣势地位，缺乏高端的文化精品和服务；没有建立起多元化主体，以及多维度的对外文化交流体系，在公益性的对外文化交流中，只有辽宁省文化和旅游厅、辽宁省人民对外友好协会等主办的对外文化项目，主要依靠政府讲好辽宁故事；只展示辽宁官方在对外文化交流中的作用和价值，忽略了民间团体；文化创新能力存在许多短板，没有将辽宁丰厚、独特的文化资源宣传出去，这方面存在巨大的潜力和空间，需要在文化资源转化率、文化精品创作力、文化产品附加值方面不断创新；辽宁省文化产品只是简单复制，没有从深层次挖掘文化资源，没有从市场需求的视角去设计，更没有应用现代科技。

2. 制度因素制约公共文化服务发展

文化事业投入制度不健全，现有的制度针对相关问题存在缺失，文化事业投入的监管制度基本空白，这使文化事业投入的落实和实施等缺乏效率；文化事业投入主体的权利义务不明确，文化事业投入责任制度没有构建；文化事业投入制度稳定性不够，制度的期限性决定了投入具有临时性、易变动性等弊端；文化体制改革不彻底，长期存在多头管理、体制不顺、职责不清等问题；尽管国家已经有不少政策文件提出要探索建立法人治理结构，但文化单位存在许多困难；考核评价机制缺乏标准，普遍存在重投入轻产出、重建设轻管理。

3. 非物质文化遗产保护与利用存在问题

辽宁普遍存在对非遗保护研究的基础理论和应用理论的探索及科学研究明显不足问题，理论研究主要在保护意义、重要性的挖掘上相对深入，保护实践中遇到的重大问题和新课题，缺乏相应的理论指引和政策支撑。经费存在较大缺口。非遗保护需要一定的经费支持，虽然各级财政拨付了一些支持资金，与需要抢救保护的数量相比，与繁重的传承和保护任务相比，仍有较大的资金缺口，非遗专项经费呈现逐级递减的状态，非遗保护、研究、开发等同样需要大量经费的支持，经费困难成为制约辽宁省非遗挖掘保护的最重大问题。非遗文化创意衍生品亟待开发。随着文化创意衍生品、文创商品的升温，各地都在开展以非遗元素、非遗代表性项目为基础的文化创意研发，辽宁非遗代表性项目虽然具有较强的地域性和民族性，但在非遗传承和保护中，文创的开发落后于其他地区。

（二）文化产业发展存在的问题

1. 缺少对"文化+"等新业态的探索

辽宁文化资源保护和开发力度不够，文化资源开发模式单一，尚未形成IP，制约了用IP打造的文化保护、文化开发，以及文化产业、文化推广和文旅深度融合的空前发展。辽宁文化创意产品开发较为落后，景区开发的文化创意产品质量低劣，缺乏地方特色；文化创意产品的开发遇到的困境主要是文化IP的辨识度不够、文化元素和地方特色的提炼不够、产品同质化现象严重等；辽宁居民消费还停留在衣食住行等基本生活消费上，文化消费并未走入大众消费的视野，并非因为居民的经济条件没有提高，而是由于市面上甚少出现吸引消费者的文化创意产品。

2. 缺乏创新意识和趋势前瞻性

文化产业"个转企、小升规、规升巨"不充分，权责清单制度难以推进，在国家许可范围内，民营文化企业参与重大文化产业项目实施和文化产业园区建设不到位；跨界型和实战型人才缺乏，文化产业需要的人才有一定的特殊性，一些新兴行业的技术人才和有创新思维与时代嗅觉的创意人才严重缺乏。新时代的文化产业需要文化创意牵头，制造业、旅游业、出版业、建筑业、会展业等强强联合，携手开发，产业间合作力度加大是必然趋势。

3. 文旅融合需要逐步增强

辽宁域内的博物馆、图书馆等社会事业单位在推动文物"活起来"的过程中还存在制度性障碍，特别是在博物馆、图书馆能否开办社会化经营项目等问题需要在法律法规和实际操作中加以解释。在街路、公交、河流等方面存在市区分管、配套不同等问题，诸如重点风景区还存在多头管理、政企职能界定不清、经营管理职权混淆问题，致使资源无法得到整体开发，景区管理质量严重下降；资源挖掘需要加大力度，文化品牌培育意识较差；众多

的国家级重点文物保护单位、国家级非遗项目等文化遗产还处于"养在深闺人未识"的"零"开发状态,文旅合力开发利用的观念还不强,文化资源的旅游化思路还不多,较上海、武汉、杭州、成都、西安的文化资源开发还存在较大差距。

4. 市场度和美誉度需要同步提升

辽宁各市许多知名旅游目的地之间没有建立智慧、高效的交通设施及服务,交通、餐饮、娱乐等基础配套设施仍然不健全,或者品质不高,区域带动力和产业示范性较弱;有的旅游景区附加产品满足不了市场需求,严重不足,缺乏资源统筹的全面视野,不注重要素配套和附加产品的开发等;文化IP建设缺少创新要素,地方特色不明显,文旅产品缺少创新;对社会资本撬动不足,文物资源利用门槛高、回报周期长,若没有配套政策支持,地方政府和民间资本参与积极性都不高。

(三)文化事业与文化产业融合发展存在的问题

1. 文旅融合存在诸多问题

辽宁旅游业的发展带来了可观的经济收益,但是发展过程中存在诸多问题需要解决。对有开发潜力的地区需要进行高档次、高标准设计;对以生态旅游著称的景区需要进行生态管理;从顶层设计上有效整合旅游资源,使景区实现生态发展;在旅游景区规划时要注重保护环境,有效利用旅游资源和文化资源;旅游文化企业存在小、散、弱等问题,政府部门的参与意识不强,对旅游业的扶持力度不够,旅游文化产业规模化发展需要政府引导,甚至是政府牵头、主导,需要充分调动旅游文化企业的积极性、主动性。

2. 文化旅游产品没有得到深度开发

辽宁提出了"满风清韵,多彩辽宁"的旅游口号,可是在旅游文化产品的开发过程中,"满风清韵"的特色并没有被重点突出;辽宁内陆旅游文化资源有深厚的文化底蕴,而旅游文化产品开发缺乏重点和特色,这不仅削弱了辽宁旅游文化产业的整体优势,也制约了旅游文化产业的可持续发展;

辽宁拥有丰富的少数民族文化，文旅融合开发不尽如人意，民俗文化旅游产品没能充分体现辽宁民俗文化的精华，各地区民俗风情旅游产品大都形式单一，停留在简单的、大众化的表演层次，缺乏参与性、娱乐性、知识性。体味民俗的农家乐，多以吃为主，文化元素不足，文化休闲项目缺乏，参与性活动开发不够；有的农家乐项目与当地农村资源优势和风土人情不相适应，不切实际，生搬硬套，有的表演甚至渲染一些无聊的、低俗的内容，使民俗文化被庸俗化；开展工业旅游的企业与各市场主体联系程度不高，与旅行社的联络不密切，工业旅游没有被纳入旅行社的路线安排之中，与工业企业合作不够，处于单兵作战状态，缺少产品宣传、市场开发的主动性。

3. 文化金融产业的顶层设计和配套政策不完善

辽宁文化及相关产业在国民经济中的一些指标仍然较低，产业整体规模偏小，集约化程度较低，特别是文化产业增加值的增速在全国比较靠后，文化法人单位及企业规模落后于全国水平，区域发展不均衡，市场主体仍缺乏活力，文化的资源优势还没有转化为产业优势，全社会对文化产业的重视程度不够；鼓励文化产业发展的政策体系不完善，统筹协调的管理机制尚未形成，相比国内文化产业发达区域，辽宁的支持政策较少；辽宁支持文化的相关政策有些太笼统，缺少实施细则，无法真正落实，具有创新意识的政策少之又少。一些政策在实施过程中由于行政人员专业度不够、思维开放性不足、基础服务意识欠缺等，文化项目发展受阻，加之政府有关文化部门的机构和职责调整以及主管领导的经常变动，政府对文化产业发展的政策连贯性受到影响；政府对文化产业的顶层谋划不足，缺乏用市场的眼光、市场的机制来经营文化、发展文化的意识，创新能力不足、技术手段和管理手段落后。

4. 金融支持文化产业发展的应用实践存在较大空缺

文化与金融融合的结构不平衡。现有金融机构偏向于固定资产类文化企业，金融机构各类贷款更倾向于面向大型企业集团和传统资产型文化产业，文化艺术设施、文化旅游景点类项目受到青睐，资金回笼快的文化会展项目以及设备采购类的文化产品生产项目能够得到相应支持，但数字动漫游戏、教育培训、设计服务、传媒等中小文创类项目、新兴文创项目就难以通过信贷指标考核，较难获得相应的金融支持。民营文化企业融资难。商业银行或者第三担保方都认为国有文化企业相较于民营文化企业对债务的偿还具有较高的保证度，商业银行等金融机构更愿意给予国有文化企业贷款，民营文化企业融资难度、贷款利率都远高于国有文化企业。复合型文化金融人才缺乏。文化金融是一个新兴的业态，跨越了文化产业和金融业的多个部门，新问题、新情况层出不穷，甚至问题的复杂、困难程度已经超出了问题本身，亟须进行创新突破；专业化文化金融人才不仅总量缺乏，而且结构不合理，文化产业人才往往不懂金融，而金融人才又不熟悉文化产业。缺乏多元、有效的文化金融服务体系，文化企业融资对银行渠道的依赖性很大，渠道比较单一，在文化企业无形资产评估方法缺乏、银行对企业了解不够、有针对性的金融产品创新缺乏的情况下，企业融资难是必然结果，文化产业金融支持亟待建立有效的多元化融资服务体系。

三 辽宁文化发展的态势分析与发展建议

经济社会发展要依靠文化创新的带动作用，文化创新是文化发展所面临的问题和瓶颈所在，既要发挥文化创新的独特作用，又要解决经济社会发展过程中存在的一些问题。坚持问题导向，文化创新才有创新方向性和导向性。当前，虽然经济社会发展所面临的形势总体向好，但是依旧存在老问题没有完全解决，新挑战和矛盾的出现又相对急迫。充分利用辽宁优势，加强精品力作的生产创作，提高对外文化贸易水平，拓展"文化＋"模式，对辽宁文化发展至关重要。

（一）文化事业发展的态势分析与发展建议

1. 提升国际竞争力，打造国际文化产业链

"互联网＋"和"双创"时代信息渠道、交流平台、营销网络对于国际化经营至关重要。文化事业发展将充分发挥大数据、云计算等先进技术优势

与微博微信、Twitter、Facebook 等新兴网络媒体的强大传播力（与传统传播渠道一起形成多维、立体、高效的国际传播体系），使互联网成为我国对外文化交流的有效载体和互通桥梁。文化企业需要制定国际化发展战略，产品的开发要尊重和应用国际化的表达方式，创新国际化经营方式，对本土文化产品深入开发，进一步强化辽宁特色，打造完善、连续的对外文化发展产业链。政府应引导和支持文化企业利用好各种资源，加快研发、制作、发行、售后服务、资本募集、品牌运作等方面的国际化步伐，建立文化交流中介机构和海外文化交流中心，积极建设完善的国际化产业链，使之在国际市场上占据优势地位。打造外向型文化企业中坚力量，充分发挥文化企业在文化作品创作、文化品牌树立、文化交流传播方面的示范引领和表率带动作用。推动优势文化产业外向发展，持续扶持和引导文化旅游、广播影视、文物博览、工艺美术、文化演艺等传统文化行业的创新和提升，大力推动以广播电视集成播控、互联网其他信息服务、互联网广告服务、工业设计服务、互联网文化娱乐平台、电子出版物出版、用户可穿戴智能文化设备和虚拟现实设备等为主的新兴业态，不断拓展和创新文化发展领域。支持打造"文化＋旅游""文化＋互联网"等融合项目，让文化与金融、科技、信息、旅游在相互碰撞中产生新的火花，为文创产业发展提供新的路径。发挥关东文化产业发展的带动和辐射作用，加快辽东、辽西文化产业发展，形成产业集群效应。

2. 深化文化体制改革，建立公共文化服务协调机制

文化体制改革将向纵深发展，公共文化服务领域法人治理结构的普遍实施，客观上"倒逼"政府文化行政方式的改革，有力推动了政府文化行政行为走向科学、规范、健全。推动转制文化单位建立健全现代企业制度，加快公司制、股份制改造，促进资源整合和战略性重组，增强其面向市场、参与竞争的能力。推进事业单位分类改革。深化公益性文化事业单位人事制度、分配制度及社会保障制度改革；推动文化馆、博物馆、图书馆等公益性文化机构建立完善法人治理结构；推动保留事业单位体制的直属文艺院团实行企业化管理。政府将进一步转变职能，推进行政审批制度改革，简政放权，

推动各级文化管理部门由办文化向管文化转变，逐步完善文化管理体制，构建现代文化市场管理体系。构建政府与市场良性互动的关系，探索政府购买服务的多种形式。建立公共财政投入稳定增长机制，公共文化服务体系建设刚性投入加大。改革公共财政投入方式，采用政府招标、集中采购等形式，重点在提高已建设施的实际利用率上进行投入，提高财政资金的使用效益。加大财政转移支付力度，发挥财政在消除城乡、民族区域文化建设差距中的积极作用，扶持贫困地区和欠发达地区的公共文化建设。增列公共文化设施日常管理维护费用，并将其纳入公共财政经常性支出预算。继续加大对广播影视系列惠民服务工程的投入。抓好欠发达地区资金补助政策的落实，完善广电系统的对口帮扶机制。建立公共文化服务体系的协调机制，发挥统筹作用，推动基层文化资源共建共享和重大文化惠民项目融合发展，要把公共文化基础设施的规划建设与城市整体规划相融合。统筹规划建设，统筹协调发展。突出群众主体地位，强化需求导向。以公共文化的普遍均等惠及全民作为目标，形成以群众需求为导向的、以经济社会发展为依据的公共服务均等化，体现公平正义。加强科技力量，保障公共文化服务的网络化发展。信息时代的到来，让数字技术应用在公共文化服务领域日益普及，进一步完善和创新公共数字文化服务体系，也是构建现代公共文化服务体系的重要内容。

3.完善非遗监督体系，讲好辽宁故事

在三年或五年间，完善非物质文化遗产保护的相关政策，使非物质文化遗产保护真正做到有章可循、有法可依、依法保护。完善调查记录体系、代表性项目制度、代表性传承人制度、区域性整体保护制度、传承体验设施体系、理论研究体系等，并围绕加强分类保护、融入国家重大战略、促进合理利用提高非遗保护传承水平；通过促进广泛传播、融入国民教育体系、加强对外和对港澳台交流合作加大非遗传播普及力度；在组织领导、政策法规、加强财税金融支持、强化机构队伍建设等方面对非遗的传承与保护给予配套保障。在文旅融合的特殊时期，深入挖掘乡村旅游消费潜力，支持利用非物质文化遗产资源发展乡村旅游等业态，以文塑旅、以旅彰文，推出一批具有鲜明非物质文化遗产特色的主题旅游线路、研学旅游产品和演艺作品。支持非物质文化遗产有机融入景区、度假区，建设非物质文化遗产特色景区。鼓励合理利用非物质文化遗产资源进行文艺创作和文创设计，提高品质和文化内涵。利用互联网平台，拓宽相关产品推广和销售渠道。鼓励非物质文化遗产相关企业拓展国际市场，支持其产品和服务出口，有效和有力推动全省传统文化创新发展。讲好辽宁故事，建立非遗馆，有效推进文化遗产融入生活，在新时代得到更好的传承与传播。吸纳和整合全省非遗项目资源，改善和优化营商环境，打通公共文化服务的"最后一公里"。

（二）文化产业发展的态势分析与发展建议

1. 探索"文化＋"等新业态

加大财政扶持力度，探索"文化＋"等新业态将成为文化产业发展的态势。支持重点行业创新发展，推动互联网、大数据、云计算、人工智能等先进技术在文化产业领域深度应用，培育发展创意设计、新兴媒体、数字出版、网络视听等新兴产业，提升广播影视、出版发行、演艺娱乐、工艺美术、印刷包装、文化旅游、文化制造等传统产业。扶持社会效益和经济效益显著、特色突出的行业，鼓励将传统产业中具有市场竞争能力的创意设计部分从主业中剥离出来独立发展，在满足主业发展的同时提供市场化服务，有效补齐创意设计服务短板，对发展业绩良好的企业，按规定给予政策和资金支持。支持重点企业做强做优做大，鼓励符合条件的文化企业开展兼并重组，培育文化产业领域的战略投资者。重点支持内容创新及与移动互联网、云计算、大数据、物联网、人工智能等深度融合的项目。支持重点园区（基地）建设发展，提升现有各类文化产业园区（基地）建设水平，创新管理体制和运营模式。支持文化产业园区（基地）公共服务平台建设，提高配套服务水平，吸引更多文化企业入驻，促进生产要素集聚。

2. 强化创新意识和趋势前瞻性

鼓励面向小微文化企业和创业团队建立众创空间和孵化器，鼓励引进特色文化企业集聚发展。重视自媒体、新媒体博主在消费引领和生活方式引导方面的意见领袖作用，鼓励和支持博主孵化公司、新媒体内容公司。在内容

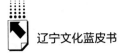

偏好上，鼓励文化博主、文化 IP 的发展，以对大众文化消费、有文化品位的生活方式起到潜移默化的作用。优化文化市场环境，推行文化主管部门权责清单制度，精简文化行政审批事项和程序。鼓励和引导民营文化企业参与重大文化产业项目实施和文化产业园区建设，参与国有文化企业改革发展。重视"技术＋文化"的创新，数字技术将实现进一步的发展和推广，将成为提升文化产业综合竞争力的主要力量，数字电视、数码电影、宽带接入和视频点播、电子出版和数字娱乐等新的文化产业群将形成主流，传统文化产业占比过大的问题将在文化产业结构的数字化提升中得到根本性改变。数字化特别是数字电视的发展现在遇到了一些困难，这些困难与国际数字化发展放缓及我国目前的体制瓶颈有一定的关系，但是作为一项新的传播技术，数字化已是不可逆转的趋势，随着国家在数字化基础建设方面的不断完善，数字化将会有一个突飞猛进式的发展。

3.加强"文化＋"跨界，深化文旅融合

产业融合发展将成为新的发展态势，深入实施"文化＋"战略，打造文化产业新增长点。深化文化和科技融合，坚持重点突破和整体推进相结合，立足本地资源禀赋、产业基础和比较优势，打造地域特色鲜明、形态多样、竞争力强的文化科技成果转化平台，推动跨行业、跨部门、跨地域的集成应用和创新；加快文化和金融融合，加强文化产业投融资平台建设，引导金融机构扩大对文化产业的融资，创新文化与金融融合发展模式，打造国家文化和金融合作示范区；加强文化与旅游融合，统筹推进文化与旅游资源、市场、品牌整合，健全扩大文旅消费的长效机制，打造国家文旅消费示范区。用文化价值提升旅游品质，用旅游市场丰富文化业态；促进文化与体育融合，将具有全国乃至全球影响力的高水平体育赛事进行文化融合，推动体育事业、体育产业蓬勃发展；引导文化与新业态融合，结合居民消费结构和消费习惯变化，支持推动文化与智能制造、无人配送、在线消费、医疗健康等新兴产业融合发展，繁荣文化数字经济，打造文化新业态。

4. 强化文旅产业品牌化建设，提升文旅产业服务质量

提升文旅产业服务质量，将成为市场度和美誉度同步发展的推手。城市休闲、城郊乡村游和短途旅游等将会逐渐恢复，但受疫情影响人们对旅游的安全、卫生要求将会显著提升，旅游消费不断升级，高等级景区数量也在不断增加，全国各地旅游业竞争愈发激烈。亟待补齐道路交通、游客集散中心、景区停车场、旅游公厕等基础设施和附属设施短板，优化全域旅游交通体系，加快建设城乡之间的公交和旅游专线、骑行慢道网络，加强旅游集散功能，搭建个性化、现代化、多层级的旅游集散体系。做精做强文化旅游品牌，需要构建文旅 IP 系统。高质量发展的关键指标就是提供更好的品牌及服务。打造多元而独特的文化旅游 IP，可以有效避免景区的同质化，对相关产业系统的延伸也会达到事半功倍的效果。以老字号、文化遗产等资源为依托，以动漫、直播、手作等新兴文化产业为突破口，依托 4A 级以上景区、文化产业园区或文创基地等，策划、举办或建设特色主题活动或项目，提高文娱活动参与度，提升文化产品供给满意度。依托文旅 IP，加快文创产业发展。在文旅 IP 的基础上，高质量建设一批富有区域特质、彰显特色文化、融入经典元素和标志符号的区域文化地标和公共空间。发展特色创意设计、度假旅游、户外运动、文化体验、研学培训、康养医疗、动漫、出版、特色文化产品市场等文创业态及产业，形成立体化的文旅 IP 生态网络。

（三）文化事业与文化产业融合发展的态势分析与发展建议

1. 充分发挥政府的主导作用，促进文旅融合发展

优化产业结构将成为文旅融合发展的核心竞争力，辽宁旅游产业结构优化由政府的政策和措施主导。旅游业的构成要素结构是实现区域旅游产业结构优化的内在驱动力，因此要想实现旅游产业结构的优化，必须合理配置旅游产业的构成要素，其中对区域旅游产业的内部结构进行优化是关键。在政策制定方面，需要创新思维，为辽宁省区域旅游发展制定长远的规划，同时需要考虑旅游产业的生态环境效益，实现旅游产业的可持续健康发展。加强区域旅游产业规划，出台相关的支持措施，为区域旅游产业结构优化提供政

策支持。可以尝试实行"旅游特区"模式，走一体化发展道路。在资金支持方面，一方面积极争取国家政策性基金的支持，多渠道筹集旅游建设资金，在旅游国债、旅游发展基金、国家扶贫资金、政策性银行贷款等方面为区域旅游发展提供资金渠道；另一方面，创新投资渠道，出台投资优惠政策，吸引民间投资、外商投资，鼓励市场筹措资金，为旅游产业的布局和优化提供良好的投融资环境。优化旅游产业投入产出结构，合理规划旅游产业的投入要素，在有限的旅游投入下实现旅游产出的最大化，或者在旅游产出一定的情况下尽量减少旅游投入。

2. 打造特色旅游产品

旅游业实施精品战略应合理规划重点旅游线路，针对旅游文化进行重点路线统一设计，将辽宁省内 14 个城市拥有的旅游资源进行整合梳理，使之成为一条线，对线路进行合理设置，让游客旅游的目标更为清楚明晰。遗迹旅游产品重在突出"辽宁古生物古遗迹"的古今价值，重点抓古代生物与化石遗迹这一古代文化品牌，将古代的生物化石及文化遗迹当作旅游的特色，对辽宁地区中古代生物的化石、移民及原始部落等文化进行统合。清代历史文化旅游产品以"清前历史和满族风情"为主线，将挖掘满族的萨满、八旗等文化当作特征，同清朝的地方品牌，及后金文化统合为一条线。老工业基地旅游产品开发与设计围绕"共和国长子曾经的辉煌"的主题展开，对辽宁的老工业基地进行工业文明及文化资源的挖掘，对废旧的机器和厂房等各类设施进行重新设计和改造，构建有浓厚辽宁地域特点的老工业文化博物馆，将工业文化的符号作为装饰性的语言，广泛获得了各年龄阶段游客的认同，而且引起民众对于老工业时代的怀念。构建将工业作为特色的商贸街、文化街及相关产品的研究中心等，可为实现老工业的文化再发展添加助力。自然风光旅游产品重在展示"四季分明的北国风情"，辽宁一年季节分明，如春粉、夏蓝、秋红黄、冬白的颜色特征让其四季均拥有美丽的色彩。

3. 用顶层设计打造国家级文化金融示范区

通过顶层设计优化文化与金融产业结构布局，打造国家级文化金融示范区，形成一套具有辽宁特色的文化金融融合发展的体制机制和服务模式，不断完善文化与金融发展服务体系，提高文化金融融合创新水平。辽宁要以提升文化产业占全省经济的比重为首要目标，力争在"十四五"期间文化产业占全省 GDP 比重超过 8%，全力推动全省经济结构调整。实施创新驱动发展战略需要深入实施"互联网＋"行动，积极运用新兴传播技术，加快发展新型文化业态，推动文化产业转型升级；支持各类文化企业的设立和发展，全面提高文化法人单位数量和质量，形成公有制为主体、多种所有制共同发展的产业格局；实现省内文化产业资源向本土文化企业倾斜，用金融手段实现企业兼并重组，加快培育一批有实力、有竞争力的骨干文化企业，力争在"十四五"期间增加 10 家以上境内外上市文化企业；加强内容创作生产、文化传播渠道、文化服务生产和中介服务等占比较高的文化细分领域发展，推动其做大做强做优，同时支持和推动新闻信息服务、文化装备生产以及文化投资运营企业快速发展；做好公共服务，深入推动"双创"战略，扶持和助力文化及相关小微企业创新创业活动。

4. 推动文化与金融各主体参与的创新发展

推进文化与金融创新发展，政府和金融机构及其他社会资本需要大力快速推动全省文化与金融全面融合，引导和带动金融业加大对文化产业的支持力度，加强文化与金融融合的真正实践。需要将文化金融纳入全省金融改革的大盘子，明确文化银行的管理和服务要求，并从风险补偿、贷款利息补偿、贷款担保补偿等方面给予政策扶持；支持完善文化金融体系的建设，使科技金融政策适用于文化金融产业，建设文化金融服务中心，搭建文化金融债权担保、股权投资、综合服务、文化贸易、创新奖励、多层次产权交易及资本市场等多个平台；创新财政对文化投入的方式，例如增加文产专项资金投入、扩大引导基金规模、文化产业债转股等，促进并引导金融体系及各类资本参与文化金融产品的创新过程；通过资金引导带动社会资本、金融资本参与文化科技相关领域的研发和产业化；通过各项政策鼓励各类金融机构搭建文化融资服务平台，为优质文化企业提供创业投资、贷款担保等服务。通过政府引导，带动社会资本、金融资本参与文化科技相关领域产业化，建立以财政资金为引导、文化科技企业与社会资本共同参与的投融资平台。创新

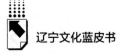
文化与科技之间的跨部门合作发展机制，形成有利于文化、科技融合发展的工作体系。

参考文献

牟岱、张思宁主编《辽宁文化发展形势分析与预测（2019—2020）》，辽海出版社，2019。

刘钊等：《营商环境评估：理论与实践》，经济管理出版社，2020。

程海东、陈思：《东北区域旅游产业一体化发展研究》，东北大学出版社，2021。

田鹏颖等：《东北老工业基地全面振兴的文化反思》，东北大学出版社，2018。

文化事业篇

Cultural Undertaking

B.2
辽宁公共文化服务发展报告

关键词： 公共文化服务　公共服务均等化　数字文化　辽宁

现代公共文化服务体系的高质量发展，需要坚持问题导向和目标导向，以人民为中心，不断完善普惠均等、城乡一体的公共文化服务体系，推进公共文化服务的多元参与和共建共享，不断提升服务质量与效能，最终实现人们在物质和精神上的共同富裕。

一　"十四五"时期公共文化服务体系建设要求

2021年12月31日，辽宁省文化和旅游厅印发了《辽宁省"十四五"公共文化服务体系建设规划》，为辽宁"十四五"时期加快推进公共文化服务体系建设明确了目标和任务。

"十四五"时期，辽宁公共文化服务体系力争达到四方面发展目标，即公共文化服务布局更加均衡、公共文化服务水平显著提高、公共文化服务供给方式更加多元、公共文化数字化网络化智能化发展取得新进展。

在辽宁公共文化服务体系发展目标的指引下，"十四五"时期全省的主要任务包括：①推进城乡公共文化服务体系一体化建设；②建设以人为中心的图书馆；③繁荣群众文艺；④增强公共文化服务实效性；⑤推动公共文化服务社会化发展；⑥推动公共文化服务数字化、网络化、智能化建设；⑦推进公共文化服务区域均衡发展。围绕这些任务，辽宁省将从加强组织领导、完善经费保障、加强队伍建设和健全监督管理四方面予以保障。

《辽宁省"十四五"公共文化服务体系建设规划》既对标国家《文化和旅游部 国家发展改革委 财政部关于推动公共文化服务高质量发展的意见》，又突出了自己的特色和重点。主要任务上，在深入推进公共文化服务标准化建设、全面落实国家基本公共服务标准、推动公共文化服务社会化发展、加强政府购买公共文化服务等方面，遵循了《文化和旅游部 国家发展改革委财政部关于推动公共文化服务高质量发展的意见》，这些方面同样也是辽宁"十四五"时期的主要任务。

当然，《辽宁省"十四五"公共文化服务体系建设规划》也结合了自身的特点，在侧重点上有所不同。比如，在推进公共图书馆功能转型升级、建设以人为中心的图书馆方面，在加强古籍整理保护和传承利用等方面，辽宁推出了独特的发展规划。这都对于辽宁"十四五"时期公共文化服务体系建设具有重要作用。

二 辽宁公共文化服务的现状与成绩

（一）公共文化服务标准化不断推进，基本建成五级公共文化服务网络

"十三五"以来，辽宁省不断完善保基本、促公平的公共文化设施网络，全面推进现代公共文化服务体系建设，不断提高基层公共文化服务标准化、均等化水平。目前，辽宁省已基本实现"县有图书馆、文化馆，乡有综合文化站"的目标，基本建成省、市、县、乡、村五级公共文化服务网络，并深入推进各类公共文化机构免费开放。而且，为加快推进全面建成小康社会，辽宁省以满足人民日益增长的精神文化需求为核心，补齐乡村公共文化设施短板。目前全省各乡镇的基层综合性文化服务中心已经基本建成，免费为群众提供多种多样的文化服务。在抓基层建设、重民生需求、促文化发展方面，辽宁省以村文化广场建设作为着力点，扎实推进基本公共文化服务标准化、均等化。这些文化广场建设面积均不小于800平方米，地面全部硬覆盖，宣传栏、健身设施、灯光音响等设备皆是标配。

（二）公共文化服务质量提升，不断增强公共文化服务的供需对接

辽宁省"十三五"规划的辽宁美术馆、辽宁省文化馆、辽宁非遗馆等

项目不断推进，实现了与辽宁文化大省相匹配的基础设施建设；完善了辽宁大剧院、辽宁文学院、艺术院团硬件设施，优化服务功能，扩大服务对象覆盖范围，推进场馆间的有效互动，公共文化场馆设施的利用率和满意率不断提升。推动省图书馆、省博物馆、省文化馆建立完善的法人治理结构。发挥图书馆、文化馆在总分馆制建设中的积极作用。推行"互联网+公共文化"，实施数字文化场馆建设，全面提升用户体验。打造"城市书房""文化驿站"等公共文化服务创新项目，吸引社会力量参与公共文化服务合作，并进行社会化运营试点。丰富群众文化服务项目，探索建立面向不同群体的文化艺术创作培训新模式。围绕重大主题，开展公共文化服务活动，开展新时代爱国主义宣传教育和群众性主题教育活动。举办"辽宁省图书馆第九届全民读书节"系列活动。继续实施辽宁省百馆千站群众文化培训工程，开展"红色文艺轻骑兵""百姓大舞台"等文化惠民活动。开展各类流动文化服务和艺术进校园活动，促进基本公共文化服务均等化。参与"中国旅游日"辽宁主场活动。

（三）公共文化服务内容质量提升，精品力作层出不穷

"十三五"期间，辽宁省以满足人民群众精神文化新期待为目标，以社会主义核心价值观为引领开展了丰富多彩的文化实践活动。精品力作迭出，如获得了"文华大奖"和"五个一工程"奖的芭蕾舞剧《八女投江》，还有入选"致敬中国话剧70年"十大代表作的话剧《千字碑》和《工匠世家》以及芭蕾舞剧《花木兰》，为广大人民群众提供了高质量的精神食粮。另外，获得了"全国博物馆十大陈列展览特别奖"的辽宁省抗美援朝纪念馆的"抗美援朝　保家卫国"展览和获得了"全国博物馆十大陈列展览精品奖"的辽宁省博物馆的"山高水长——唐宋八大家主题文物展"，也是不断推陈出新，实现了历史与文化的融合。尤其是辽宁省博物馆继2005年获得"全国博物馆十大陈列展览精品奖"后，时隔16年，再一次摘得全国博物馆展览的最高奖项，这是对成果的质量和辽宁省博物馆人努力的高度认可。再有，辽宁省艺术院团每年新创作剧目近20个，如话剧《工匠世家》《大

地米香》，现代评剧《过大年》，海城喇叭戏《杜鹃花开》等，以不同题材和不同艺术形式反映辽宁全面振兴、全面建成小康社会、脱贫攻坚等时代主题。围绕决战脱贫攻坚、全面建成小康社会、中国人民志愿军抗美援朝出国作战 70 周年、中国共产党成立 100 周年，辽宁省组织创排话剧《钢铁是怎样炼成的》，交响音乐会《幸福之路》《最可爱的人》，芭蕾舞剧《巴黎圣母院》《铁人》，舞蹈专场《舞与伦比》等。组织开展"中华家园""中华民族伟大复兴"等美术创作工程，推出一本重点图书，启动红色革命历史专题片《旗帜》《鲁艺在辽宁》筹拍。

（四）公共文化服务数字化愈益完善，辽宁文化云独具特色

2020 年新冠肺炎疫情发生后，辽宁省文化和旅游厅启动应急响应机制，全省所有公共文化和旅游场所暂时关闭，同时推出一系列线上服务，丰富广大人民群众的精神文化生活，陪伴全省人民共度时艰。全省公共文化场馆主动开放数字资源，使人们在网上就能轻松了解防疫常识、看展览、听讲座、参加文化活动等。辽宁省图书馆开放"书香中国"平台，为读者提供 50 多种数据库，让读者免费享受海量阅读资源。在辽宁省图书馆的带动下，各市县区图书馆也加大推广网络阅读的力度。沈阳市文旅广电局推出"阅读沈阳"——沈阳文博在线系列，推广沈阳文博资源。沈阳博物院及各馆微信公众号推出"线上博物馆"系列，方便群众在线观赏博物馆及文物精品等。大连市图书馆免费为读者提供维普、万方、CNKI、读秀、博看期刊等各类数字资源 40 余种，这种 24 小时不间断服务广受好评；手机图书馆提供电子书以及报纸资源，供读者免费在线查阅。鞍山市、辽阳市、本溪市等多地图书馆整合线上资源、平台和服务，联合超星移动图书馆 App，为读者提供了高质量的无边界、无限制服务。另外，辽宁省重点打造了具有地方特色的一站式文化服务平台，集文化信息宣传、文化产业、文旅融合、公共服务于一体。平台突破文化馆、图书馆两馆的局限性，整合各类资源，并结合社会主流媒体平台，打造在辽宁地区具有文化影响力的融媒体宣传矩阵，为大数据分析奠定内容基础。辽宁文化云自开

通以来，注册用户近 20 万人，访问量达 505 万人次，上传资源 7300 余条，已成为文化服务的重要窗口。

（五）公共文化示范区社会化发展，激活公共文化服务建设内生动力

公共文化示范区创建城市在社会力量参与方面的创新实践最丰富，参与主体多，涉及领域广。企事业单位、非营利性社会组织、文化类社会组织、志愿者等多元主体积极参与，在社会力量受公共文化机构整体委托提供公共文化产品和服务、各类文体设施向公众免费或优惠开放、文化志愿服务等方面探索了路径。比如，辽宁省盘锦市鼓励各类社会艺术培训机构参与全民艺术普及，带动艺术培训业和文化艺术消费。此外，还探索"互联网＋"文化志愿服务模式，提升文化志愿者管理水平。创新工作方式、服务内容和活动载体，推动各类公共文化机构等到基层教、学、帮、带，实现具有集团特色的文化志愿服务模式。而且，群众文化工作者也积极创作，"鼓舞士气"。新冠肺炎疫情牵动着辽宁省群众文化工作者和文化志愿者的心，全省群众文化工作者和文化志愿者积极行动，通过诗歌、书画、歌舞、京东大鼓、快板等多种艺术形式，宣传抗疫举措，传播防疫知识，为抗击疫情的勇士们和广大人民群众打气，用一个个饱含深情的文艺作品，为打赢疫情防控攻坚战做贡献。全省群众文化工作者和文化志愿者们创作抗击疫情文艺作品上百部。如省文化艺术研究院创作小说、诗歌、歌词、儿童歌谣、散文、小品剧本等共计 42 部；大连市文艺工作者和爱好者创作了抗击疫情 MV《有你在的地方》等；鞍山市文旅中心创作了评书《万众齐心战"魔妖"》《温暖回家路》等；本溪市群众艺术馆创作了抗疫快板书《战病毒》和《两包口罩》以及评书故事《鼠年你最棒》等；锦州市文化志愿者们创作了皮影戏《众志成城抗病毒》、剪纸《预防》等，并得到《光明日报》的关注，被《光明日报》在客户端上宣传等。省群众艺术馆、省文化艺术研究院、各地公共文化服务中心纷纷通过网络平台、微信公众号等进行展播，大连、丹东、锦州等地的多部作品被国家公共文化云选录播出。

三　辽宁公共文化服务中存在的问题

辽宁公共文化服务体系建设起步较晚，发展水平比较低，仍存在基本公共文化服务体系不健全、基础薄弱和标准化、均等化程度不高等问题，需要挖掘其内在原因，以便有针对性地加以解决。

（一）辽宁公共文化服务总体投入不足

近年来，辽宁公共文化服务投入并未明显增长，而是出现波动。2019年辽宁文化事业费达到206020万元，比2018年增长22.3%，却比2017年降低3.0%。从全国排名来看，辽宁公共文化服务投入在全国排在中后部分，2019年排在全国第22位，比2018年前进3位，却比2017年后退6位。再看2019年各省（区、市）的文化事业费，排名第一的广东，文化事业费达到1023404万元，是辽宁的4.97倍；排名第二的浙江，文化事业费达到798956万元，是辽宁的3.88倍；排名第三的江苏，文化事业费达到720520万元，是辽宁的3.50倍（见表1）。这样看来，辽宁的公共文化服务投入还远远不够，亟待加强。

表1　2015～2019年全国31个省（区、市）文化事业费投入情况

单位：万元

省 （区、市）	2015年		2016年		2017年		2018年		2019年	
	文化事业费	位次	文化事业费	位次	文化事业费	位次	文化事业费	位次	文化事业费	位次
北　京	275832	7	352798	6	361972	7	348420	8	474695	5
天　津	153744	22	158048	24	186858	21	179249	22	170602	27
河　北	185348	15	184922	19	251894	11	270383	14	297965	13
山　西	182007	16	197818	17	222493	15	233500	15	282299	15
内蒙古	228905	9	259572	9	276846	10	278556	12	285708	14
辽　宁	165405	19	194196	18	212426	16	168389	25	206020	22
吉　林	156425	21	159929	23	177986	24	216221	17	260153	16

续表

省 （区、市）	2015 年		2016 年		2017 年		2018 年		2019 年	
	文化事业费	位次	文化事业费	位次	文化事业费	位次	文化事业费	位次	文化事业费	位次
黑龙江	152601	23	175482	21	180777	23	165654	26	192592	25
上　海	365523	5	422148	4	438826	4	478666	4	629480	4
江　苏	403417	3	470804	3	578084	3	620416	3	720520	3
浙　江	488225	2	544516	2	593470	2	668737	2	798956	2
安　徽	146252	24	175603	20	183018	22	198574	20	218762	21
福　建	187522	14	215770	14	242920	13	280744	11	305916	12
江　西	127094	25	128944	27	152603	27	159461	27	234405	20
山　东	299770	6	320980	7	388222	6	423072	6	451910	7
河　南	206034	10	222776	11	251487	12	277635	13	318108	11
湖　北	235648	8	290408	8	343992	8	421351	7	410234	8
湖　南	193798	12	241901	10	277967	9	313189	9	354322	10
广　东	539257	1	656969	1	814334	1	994681	1	1023404	1
广　西	172230	17	199327	16	194955	19	209235	19	251940	17
海　南	57512	31	70204	30	90745	28	71151	30	84248	30
重　庆	169727	18	204828	15	207405	18	212048	18	241452	19
四　川	395788	4	403685	5	413220	5	430242	5	472219	6
贵　州	119936	26	151128	25	193288	20	177391	23	185675	26
云　南	191211	13	218728	12	241103	14	299680	10	388802	9
西　藏	57816	30	72824	29	83889	30	100867	28	102479	29
陕　西	205168	11	216685	13	208454	17	219126	16	245213	18
甘　肃	113802	27	143170	26	166608	26	180010	21	204940	23
青　海	65393	28	78467	28	88383	29	83738	29	125985	28
宁　夏	58611	29	67681	31	63793	31	69172	31	82222	31
新　疆	160088	20	165558	22	169152	25	169293	24	193045	24

资料来源：《中国文化文物和旅游统计年鉴2020》。

（二）辽宁总体公共文化服务投入增速慢

从文化事业费的增长情况来看，辽宁的文化事业费保持了较好的增长势头，2014～2019年辽宁及全国文化事业费与年增长率情况如表2所示。2014～2019年，辽宁文化事业费由148061万元增加到206020万元，年均增长6.83%；全国文化事业费由5834377万元增加到10657521万元，年均增长 12.81%。可以看出，辽宁文化事业费年均增长率仅约全国的一半。所以，辽宁文化事业费不仅在规模上出现波动，而且增速明显低于全国的总体水平，这说明从全国来看辽宁的公共文化服务投入并未真正增长。

表 2　2014～2019 年辽宁及全国文化事业费与年增长率情况

单位：万元，%

项目	2014 年	2015 年	2016 年	2017 年	2018 年	2019 年
辽宁文化事业费	148061	165405	194196	212426	168389	206020
年增长率	6.4	11.7	17.4	9.4	−20.7	22.3
全国文化事业费	5834377	6829708	7706876	8558022	9283333	10657521
年增长率	10.0	17.1	12.8	11.0	8.5	14.8

资料来源：《中国文化文物统计年鉴 2020》。

另外，据《中国公共文化投入增长测评报告 2020》中公共文化投入增长评价排行，辽宁以地区无差距理想值 100 横向测评为 74.46，处于省域间第 27 位；以"十五"以来、"十一五"以来、"十二五"以来和 2017 年以来自身基数值 100 纵向测评分别为 192.61、122.41、95.02 和 83.70（2017年以来明显"失分"），分别处于省域间第 29 位、第 29 位、第 30 位和第 31位。当前年度辽宁公共文化投入人均值为全国平均值的 64.58%，地区差偏差值为 35.42%，与基本公共服务均等化目标差距较大。从这些数据也可以看出，辽宁公共文化服务的投入仍旧严重不足。

而且，想真正了解辽宁公共文化服务的投入情况，不能孤立地分析文化投入状况，需要结合经济和财政增长的有关背景，这样才能看出辽宁文化发展的真正状况。

2010～2019 年，辽宁地区生产总值从 13896.3 亿元增加到 24909.5 亿元，年均增长率达到 6.70%；财政收入从 2004.8 亿元增加到 2652.4 亿元，年均增长率达到 3.16%；财政支出从 3195.8 亿元增加到 5745.1 亿元，年均增长率达到 6.73%；文化体育与传媒投入从 56.8 亿元增加到 86.0 亿元，年均增长率达到 4.72%；文化体育与传媒之外其他支出从 2606.1 亿元增加到 5659.1 亿元，年均增长率达到 9.00%（见表 3）。在此期间，辽宁文化体育与传媒投入年均增长水平，比地区生产总值低 1.98 个百分点，比财政支出低 2.01 个百分点，比文化体育与传媒之外的其他支出低 4.28 个百分点。由此可见，2010 年以来，辽宁文化体育与传媒作为公共文化服务的重要组成部分，其投入确实增长缓慢。

表3　2010～2019 年辽宁经济、文化主要指标

单位：亿元，%

项目	2010 年	2011 年	2012 年	2013 年	2014 年	2015 年	2016 年	2017 年	2018 年	2019 年
地区生产总值	13896.3	16354.9	17848.6	19208.8	20025.7	20210.3	20392.5	21693.0	23510.5	24909.5
年增长率	8.4	17.7	9.1	7.6	4.3	0.9	0.9	6.4	8.4	6.0
财政收入	2004.8	2643.2	3105.4	3343.8	3192.8	2127.4	2200.5	2392.8	2616.1	2652.4
年增长率	26.0	31.8	17.5	7.7	−4.5	−33.4	3.4	8.7	9.3	1.4
财政支出	3195.8	3905.9	4558.6	5197.4	5080.5	4481.6	4577.5	4879.4	5337.7	5745.1
年增长率	19.1	22.2	16.7	14.0	−2.2	−11.8	2.1	6.6	9.4	7.6
文化体育与传媒投入	56.8	68.6	79.3	95.3	92.6	88.6	84.7	86.4	71.6	86.0
年增长率	−25.6	20.8	15.6	20.2	−2.8	−4.3	−4.4	2.0	−17.1	20.1
文化体育与传媒之外的其他支出	2606.1	3139.0	3837.3	4479.3	5102.1	4987.9	4492.8	4793.0	5266.1	5659.1
年增长率	22.7	20.4	22.2	16.7	13.9	−2.2	−9.9	6.7	9.9	7.5

资料来源：《辽宁统计年鉴 2020》。

（三）辽宁公共文化服务投入占比小

从辽宁文化事业费占财政支出的比重来看，1995 年到 2004 年，辽宁文化事业费占财政支出的比重是高于全国平均水平的，2005 年辽宁文化事业费占财政支出的比重与全国水平持平，此后辽宁文化事业费占财政支出的比重基本低于全国平均水平，排名也一直在全国后 10 名里（2017 年除外）。尤其是 2013 年、2014 年、2018 年和 2019 年，排名更是全国倒数第 3 位和

倒数第4位（见表4）。虽然2015年辽宁文化事业费占财政支出比重明显提高，但是仍然低于全国平均水平。从全国来看，文化事业费占国家财政总支出的比重近十年来呈上升趋势。而辽宁2010年以来（除2016年、2017年外）都是低于全国的水平，情况堪忧。

表4　辽宁文化事业费占财政支出比重情况

单位：%

项目	2010年		2013年		2014年		2015年		2016年		2017年		2018年		2019年	
	比重	位次	比重	位次	比重	位次	比重	位次	比重	位次	比重	位次	比重	位次	比重	位次
全国	0.36		0.38		0.38		0.39		0.41		0.42		0.42		0.45	
辽宁	0.35	22	0.27	29	0.29	28	0.37	24	0.42	21	0.44	19	0.32	28	0.36	28

资料来源：《中国文化文物统计年鉴2020》。

（四）人均文化事业费偏低，且增长缺乏稳定性

文化投入人均值是衡量公共文化服务均等化的重要指标，只有通过人均值衡量各地文化投入，才能得出公共文化服务地区差指数。为了实现公共文化服务均等化，有必要缩小并消除文化投入人均值的地区差，只有实现了文化投入的均等化，才能实现文化服务设施和服务质量的均等化。自1995年以来，辽宁人均文化事业费情况如表5所示。

表5　辽宁人均文化事业费情况

单位：元，%

年份	辽宁人均文化事业费	增长率	全国人均文化事业费	增长率	在全国的位次
1995	4.31	—	—	—	6
2000	6.32	—	—	—	10
2005	11.27	19.5	10.23	17.04	12
2006	12.44	10.38	11.91	16.42	15
2007	14.19	14.07	15.06	26.45	15
2008	19.28	35.87	18.68	24.04	14

续表

年份	辽宁人均文化事业费	增长率	全国人均文化事业费	增长率	在全国的位次
2009	24.05	24.74	21.90	17.24	13
2010	25.93	7.81	24.11	10.09	14
2011	24.93	-3.86	29.14	20.86	21
2012	33.53	34.50	35.46	21.69	20
2013	31.69	-5.49	38.99	9.95	20
2014	33.72	6.41	42.65	9.39	21
2015	37.74	11.92	49.68	16.48	23
2016	44.36	17.54	55.74	12.20	23
2017	48.62	9.60	61.56	10.44	23
2018	38.63	-20.5	66.53	8.1	27
2019	47.34	22.5	76.07	14.3	27

资料来源：历年《中国文化文物统计年鉴》。

从人均文化事业费的增长率来看，各年的增长水平波动较大。由表5可知，2005年辽宁人均文化事业费增长19.5%，2006年和2007年人均文化事业费增幅较小，且分别比全国增长幅度低6.04个百分点和12.38个百分点；2008年和2009年，辽宁人均文化事业费再度快速增长，超过全国平均增长水平，而2010年增长又出现回落，2011年甚至为负增长，2012年又戏剧化地增长了34.50%，2013年再度负增长，2014年和2015年稳步回升，但是增速也明显低于全国平均水平。2018年，人均文化事业费再度负增长，达到-20.5%；2019年迅速增长了22.5%。观察辽宁人均文化事业费在全国的位次，可以看出，1995年辽宁人均文化事业费在全国排名第6位，到了2005年在全国排名第12位，2005~2010年基本徘徊在12~15位，可是到了2011年就下滑到了第21位，2015年至2017年全国排名继续下滑到第23位，到了2018年和2019年全国排名再次下滑到了第27位。

另外，以2019年为例，当年辽宁的人均文化事业费为47.34元，全国人均文化事业费为76.07元，全国比辽宁多了28.73元。与全国人均文化事业费排名第一的西藏（291.96元）相比，辽宁仅为其16.2%；与排名第二的上海

（259.26 元）相比，仅为其 18.3%；与排名第三的北京（220.38 元）相比，仅为其 21.5%，差距显著。辽宁人均文化事业费增长波动较大，有时低于全国人均文化事业费增长幅度，在一定程度上说明辽宁文化事业费投入布局不均衡、不合理，地区间和城乡间的公共文化投入的均等性较差，与辽宁全面推动公共文化发展的大背景不一致，难以适应全省人民群众日益增长的公共文化需求。

（五）文化基础设施建设有待进一步加强与规划

文化事业基本建设投资是指对文化事业发展的基础设施的各项投资。完备、坚实的文化事业基础设施是文化事业发展的保障。辽宁文化事业实际完成基建投资额 1995 年为 2807 万元，到 2017 年为 4997 万元，从表面来看增长明显。但是具体来看，问题比较突出。辽宁文化事业实际完成基建投资额波动性非常大，有时增幅非常大，如 2011 年和 2014 年增幅竟达到 112.22% 和 180.40%，有时出现负增长，而且负增长幅度也很大，如 2010 年、2013 年和 2017 年增长 -43.04%、-60.82% 和 -70.2%（见表 6）。这与全国比较稳定的增长相比差距明显。这种增长的大幅度波动说明辽宁文化事业基本建设投资具有较为复杂的影响因素，很大可能是受到政策等主观因素的影响。另外，辽宁文化事业实际完成基建投资额也偏低。以 2017 年为例，辽宁文化事业实际完成基建投资额为 4997 万元，在全国排名第 21 位。排名第一的广西实际完成 167375 万元，是辽宁的 33.5 倍；排名第二的上海实际完成 71421 万元，是辽宁的 14.3 倍；排名第三的山西实际完成 44941 万元，是辽宁的 9.0 倍。

表 6　1995~2019 年辽宁文化事业实际完成基建投资情况

单位：万元，%

年份	辽宁文化事业实际完成基建投资额	年均增长率	全国文化事业实际完成基建投资额	年均增长率
2000	11835	33.3	229493	7.3
2005	12645	1.3	327683	7.4
2009	16282	6.5	816741	25.6

续表

年份	辽宁文化事业实际完成基建投资额	年均增长率	全国文化事业实际完成基建投资额	年均增长率
2010	9275	−43.04	751392	−8.00
2011	19683	112.22	777189	3.43
2012	16723	−15.04	784726	0.97
2013	6552	−60.82	805750	2.68
2014	18372	180.40	741041	−8.03
2015	21118	14.95	827573	11.68
2016	16758	−20.6	936530	13.2
2017	4997	−70.2	673462	−28.1

资料来源：历年《中国文化文物统计年鉴》。

（六）公共文化服务尚未实现均等化

1. 城乡差距明显

由于城乡二元结构和省内各地区发展不平衡，辽宁在公共文化财政投入方面仍存在结构性问题。从城乡投入结构看，辽宁公共文化财政投入明显向城市倾斜，许多文化基础设施资源只在城市配置，如影剧院、大型文化广场等，城市社区基本全部建有图书阅览室、报刊阅览室，而一些县乡村由于投入不足，普遍存在活动经费缺乏、文化设施条件差和服务水平较低等问题，阻碍全省公共文化服务的标准化和均等化。以2017年辽宁城乡文化娱乐场所的基本情况为例，城市的文化娱乐机构有1771个，而县以下的文化娱乐机构仅有606个，城市是乡村的2.92倍；再从从业人员来看，城市文化娱乐场所的从业人员有9174人，而县以下的文化娱乐场所从业人员有1935人，城市是乡村的4.74倍；再从资产总计来看，城市文化娱乐场所的资产达到1554043千元，而县以下的文化娱乐场所的资产只有255536千元，城市是乡村的6.08倍（见表7）。这些项目尚未加入县城的数据，如果把县城的文化娱乐场所、从业人员和资产加入城市，那么城乡的差距将更大。

表7 2017年辽宁城乡文化娱乐场所基本情况

项目	机构数(个)	从业人员(人)	资产总计(千元)	营业收入(千元)	营业利润(千元)
城市	1771	9174	1554043	554362	114937
县城	1269	5345	932697	352013	120482
县以下	606	1935	255536	106371	45898

资料来源:《中国文化文物统计年鉴2018》。

再以2017年辽宁城乡网吧的情况为例,城市有网吧2092个,县以下有网吧761个,城市是乡村的2.75倍;城市网吧从业人员有5766人,县以下网吧从业人员1504人,城市是乡村的3.83倍;城市网吧资产达到678040千元,县以下网吧资产达到158776千元,城市是乡村的4.27倍(见表8)。如果在城市数据中加入县城的数据,城乡差距将会进一步拉大。

表8 2017年辽宁城乡互联网上网服务营业场所(网吧)基本情况

项目	机构数(个)	从业人员(人)	资产总计(千元)	营业收入(千元)	营业利润(千元)
城市	2092	5766	678040	403904	109735
县城	1201	3064	416738	239168	81641
县以下	761	1504	158776	78318	25557

资料来源:《中国文化文物统计年鉴2018》。

另外,城乡居民文化消费能够较好地反映区域经济、社会、民生等方面的基本情况,反映城乡差异和地区差异。如表9所示,从2010年到2019年,城镇居民家庭文教娱乐类人均消费支出从1495.9元增长到3691.9元,年均增长10.56%;农民家庭文教娱乐类人均消费支出从500.3元增长到1423.5元,年均增长12.32%。尽管农民家庭文教娱乐类人均消费支出年增长幅度高于城镇居民家庭,但是从绝对数值来看,农民家庭2019年文教娱乐类人均消费支出(1423.5元)仍达不到2010年城镇居民家庭(1495.9元),2019年城镇居民家庭的文教娱乐类人均消费支出是农民家庭的2.59倍,差距更大的2013年城镇居民家庭文教娱乐类人均消费支出是农民家庭的3.57倍。

表9 辽宁城镇居民家庭和农民家庭文教娱乐类人均消费支出

单位：元，%

年份	城镇居民家庭			农民家庭		
	支出	年增长率	占总支出的比重	支出	年增长率	占总支出的比重
2010	1495.9	—	8.1	500.3	—	5.2
2011	1614.52	7.9	8.1	550.0	9.9	4.5
2012	1843.89	14.2	7.9	556.6	1.2	4.2
2013	2258.46	22.5	9.3	632.9	13.7	3.9
2014	2276	0.8	7.7	1014.5	60.3	4.9
2015	2418.70	6.3	7.7	1122.0	10.6	5.1
2016	3018.52	24.8	8.1	1274.2	13.6	4.8
2017	3164.29	4.8	8.5	1295.0	1.6	5.0
2018	3410.2	7.8	8.9	1325.2	2.3	5.2
2019	3691.9	8.3	9.3	1423.5	7.4	4.9

资料来源：《辽宁统计年鉴》（2011~2020年）。

2.区域差距较大

首先，从文化体育与传媒方面的公共财政预算支出来看，2019年辽宁各地区差距非常大。排名第一的沈阳达到144340万元，第二名大连也达到了115680万元，可是第三名抚顺就与前两名差很多，只有47078万元，只为沈阳的32.6%、大连的40.7%。再比较第一名沈阳（144340万元）与最后一名阜新（18692万元）之间的差距，沈阳在文化体育与传媒方面的公共财政预算支出是阜新的7.7倍（见表10）。可见，辽宁各地区之间在文化体育与传媒方面的公共财政预算支出的差距还是非常大的。

表10 2019年辽宁各地区文化体育与传媒方面的公共财政预算支出及排名

单位：万元

地区	支出	排名
沈阳	144340	1
大连	115680	2
鞍山	36372	5

地区	支出	排名
抚顺	47078	3
本溪	35258	7
丹东	27967	9
锦州	40268	4
营口	32411	8
阜新	18692	14
辽阳	20531	13
盘锦	21636	12
铁岭	27101	10
朝阳	35509	6
葫芦岛	24600	11

资料来源:《辽宁统计年鉴 2020》。

其次,从文化、体育和娱乐业的固定资产投资增长速度来看,2019 年辽宁各地区之间的差距也非常大。增速最高的阜新文化、体育和娱乐业的固定资产投资增长速度达到 260.7%,而增速最低的铁岭是 -100.0%,相差 360.7 个百分点,差距非常大(见表 11)。

表 11　2019 年辽宁各地区文化、体育和娱乐业的固定资产投资增长速度

单位:%

地区	增长速度
沈阳	122.1
大连	-27.3
鞍山	-59.9
抚顺	1.4
本溪	4.4
丹东	-25.3
锦州	-4.1
营口	-64.8
阜新	260.7
辽阳	-76.6
盘锦	-60.4
铁岭	-100.0
朝阳	91.3
葫芦岛	-96.3

资料来源:《辽宁统计年鉴 2020》。

3. 社会群体差距也较为突出

不同的社会群体对公共文化服务的需求是不同的。从城镇居民不同收入群体文化娱乐支出情况来看，随着收入的增加，其文化娱乐支出也有所增加，文化娱乐支出占其消费总支出的比重也在不断增加。从 2019 年的数据可以看出，高收入户文化娱乐支出（3625.0 元）是低收入户（360.0 元）的 10.07 倍。低收入户文化娱乐支出占消费总支出的 2.5%，高收入户为 7.1%，高收入户文化娱乐支出占消费总支出的比重是低收入户的 2.84 倍（见表12）。其差距还是较为突出的。

表12　2019 年辽宁城镇居民家庭文化娱乐支出情况

单位：元，%

项目	低收入户	中低收入户	中等收入户	中高收入户	高收入户
文化娱乐支出	360.0	824.5	1082.9	1730.2	3625.0
文化娱乐支出占消费总支出的比重	2.5	4.0	4.5	5.6	7.1

资料来源：《辽宁统计年鉴 2020》。

综上，辽宁公共文化服务城乡间、地区间和群体间的不均等化问题还亟待改进。公共文化财政投入结构的不合理，会固化城乡间、地区间和群体间公共文化发展的不平衡和不协调，乡村和落后地区人民群众难以均等地享有公共文化成果。

（七）缺乏专业技术人才，文化队伍建设亟待加强

从职称来看，高级职称者多集中在省、市级公共文化单位，而基层公共图书馆和文化馆的高级职称人才奇缺，并且存在人员结构老化的问题。以 2019 年为例，全省公共图书馆正高级职称人才有 66 人，其中，省级 1 个公共图书馆拥有正高级职称人才 16 人，占 24.2%；23 个地市级公共图书馆有正高级职称人才 46 人，占 69.7%；106 个县市级公共图书馆有正高级职称人才 4 人，占 6.1%，平均每个县市级公共图书馆仅有正高级职称人才 0.04 人。再从副高级职称来看，全省公共图书馆有副高级职称人才 280 人，其中

省级 1 个公共图书馆拥有副高级职称人才 47 人，占 16.8%；23 个地市级公共图书馆有副高级职称人才 148 人，占 52.9%；106 个县市级公共图书馆有副高级职称人才 85 人，占 30.4%，平均每个县市级公共图书馆仅有副高级职称人才 0.80 人（见表 13）。

表 13 2019 年辽宁公共图书馆人才队伍情况

单位：个，人

项目	公共图书馆	省级公共图书馆	地市级公共图书馆	县市级公共图书馆
机构数	130	1	23	106
从业人员	2423	232	1086	1105
专业技术人才	1830	199	878	753
正高级职称	66	16	46	4
副高级职称	280	47	148	85
中级职称	972	91	418	463

资料来源：《中国文化文物统计年鉴 2020》。

再以 2019 年全省群众文化机构人才队伍的职称情况为例。全省群众文化机构有正高级职称人才 52 人，其中省级 1 个馆拥有 4 人，占 7.7%；21 个地市级馆有 34 人，占 65.4%；102 个县市级馆有 14 人，占 26.9%，平均每个县市级馆仅有正高级职称人才 0.14 人。全省群众文化机构有副高级职称人才共 180 人，其中省级 1 个馆拥有副高级职称人才 11 人，占 6.1%；21 个地市级馆有副高级职称人才 86 人，占 47.8%；102 个县市级馆共有副高级职称人才 83 人，仅占 46.1%，平均每个县市级文化馆仅有副高级职称人才 0.81 人。乡镇文化站有从业人员 3020 人，没有人拥有正高级职称、副高级职称或中级职称（见表 14）。各类公共文化服务机构亟须配置高级专业技术人才和青年人才，建设基层公共文化服务人才队伍。尤其对于县市级文化机构和乡镇文化站，有必要分配适当职称名额，使有才能的人可以获得一定的职称资格，也可以吸引并留住人才。

表14 2019年辽宁群众文化机构人才队伍情况

单位：个，人

项目	群众文化机构	省级群众艺术馆	地市级群众艺术馆	县市级文化馆	乡镇文化站
机构数	1546	1	21	102	1422
从业人员	4946	48	579	1299	3020
专业技术人才	2123	41	469	953	660
正高级职称	52	4	34	14	0
副高级职称	180	11	86	83	0
中级职称	772	19	218	535	0

资料来源：《中国文化文物统计年鉴2020》。

四 对辽宁公共文化服务问题的分析

（一）公共文化服务财政投入机制不健全

目前，政府对公共文化服务的财政投入与公共文化服务体系建设的客观需要还存在一定的差距，主要表现在以下四个方面。第一，缺乏对社会力量参与公共文化服务投入的激励机制。税收减免、给予荣誉等激励机制都是鼓励社会力量参与公共文化服务建设的重要措施，但是辽宁在这方面还缺乏有效的激励机制和政策措施，难以调动社会力量参与公共文化服务体系建设的积极性。第二，公共文化服务投入的监管机制亟待健全。当前的法律法规并没有明确公共文化服务投入的监管主体、监管权力和监管责任等具体问题，这使公共文化服务投入的监管机制不健全，亟待改进。第三，公共文化服务投入主体的权利、义务尚不明确。公共文化服务投入的方式方法、投入的范围、投入的力度等问题均不明确，公共文化服务投入的接受方该如何更好地进行公共文化服务建设也不清晰明确。第四，公共文化服务投入责任机制缺位。公共文化服务投入责任是指有关主体如不履行其职责和义务需要承担相应的负面后果，比如政府消极投入时该如何应对，尚无明确清晰的规定。

（二）公共文化服务投入的长效机制亟待建立

公共文化服务投入的不稳定，究其原因就是现有政策容易被新政策取代，缺乏公共文化服务投入的长效机制。以博物馆投入为例，在过去的 30多年时间里博物馆投入经历了从国家全额投入，到半市场化的"以文养文"，再到国家投入三个阶段。另外，公共文化服务投入不稳定还表现在政策本身具有有效期。以经营性文化事业单位转制为企业为例，《关于继续实施文化体制改革中经营性文化事业单位转制为企业若干税收政策的通知》（财税〔2019〕16 号）明确规定"经营性文化事业单位转制为企业，自转制注册之日起五年内免征企业所得税。"另外，该规定还指出"本通知规定的税收政策执行期限为 2019 年 1 月 1 日至 2023 年 12 月 31 日"。可以看出，政策的有效期使公共文化服务投入具有易变性和临时性等问题，难以发挥政策真正的作用。

（三）文化体制改革不彻底

近年来，辽宁省深入实施文化体制改革，把"社会效益放在首位、实现社会效益和经济效益相统一"作为大方向，进一步激发了文化创新创造活力，促进了文化事业和文化产业的繁荣发展，人民群众有了更多的文化获得感。但是改革仍不够彻底，长期存在多头管理、体制不顺、职责不清等问题。虽然国家已经出台政策探索建立法人治理结构，但是文化单位在建立法人治理结构方面还存在许多问题。例如，在干部任命上，政府并未放权，仍主要由上级部门统一负责；在财政体制方面，目前是按照项目拨款和核算，这与理事会制度存在矛盾，因为理事会制度要求管理层按照理事会决议独立自主履行财务资产管理。另外，政府有关部门对文化事业的管理主要依靠行政管理和政策规定，缺乏法治手段来引导和保障公共文化服务的顺利展开。法治环境不完善和政策的易变性导致投资风险增大，令投资者不敢轻易投资。

（四）考核评价标准亟待建立

公共文化服务效能的考核评价是现代公共文化服务体系建设的重要内容。目前，辽宁的公共文化服务体系建设过程中还存在重投入轻产出、重建设轻管理，缺乏有效的考核评价机制的问题。究其原因，长期以来的公共文化职能界定和履行中普遍未实施法治。对公共文化投入的比例、中央和地方政府在文化建设中各自的职责等都缺乏明晰的界定，也没有相应的制度依据，更多地带有主观色彩。在当前转型发展的关键期，文化职能的转型被很多地方政府所忽视。另外，公共文化服务体系建设标准还亟待建立，进一步加大了考核评价的难度。

五　对构建辽宁公共文化服务体系的建议

构建辽宁省现代公共文化服务体系，需要建立协调机制以整合资源，也需要建立法人治理结构和加强社会参与，这对于改进辽宁公共文化服务体制机制问题、提高公共文化服务效能具有重要意义。

（一）全面深化文化体制改革，推进实施法人治理结构

继续深化文化体制改革，按照转变政府职能和推进事业单位分类改革的要求，探索管办分离的有效实现形式。

1. 进一步推进国有经营性文化单位转企改制

法人治理结构是现代社会组织的基本组织形式。在公共文化服务领域实施法人治理结构，意味着加快公共文化服务社会化进程，对于当前政府文化行政管理方式的改革客观上具有"倒逼"作用，使政府文化行政行为进一步科学化和规范化发展。推动文化单位建立健全现代企业制度，实施公司制和股份制改造，实现资源的整合和战略重组，增强其参与市场竞争的能力。另外，推进文化事业单位分类改革。对于公益性文化事业单位，深入实施体制机制改革，在人事制度、分配制度和社会保障制度方面进行彻底的改革。

推动图书馆、文化馆和博物馆等公益性文化机构建立法人治理结构。对于保留事业单位体制的直属文艺院团,实施企业化管理。

2. 推动文化市场的规范化、科学化发展,深入推进文化市场综合执法改革

进一步转变职能,推进行政审批制度改革,简政放权,推动各级文化管理部门由办文化向管文化转变,逐步完善文化管理体制,构建现代文化市场管理体系。构建政府与市场良性互动的关系,探索政府购买服务的多种形式。

(二)进一步加大投入,建立健全公共文化财政投入机制

1. 建立公共文化财政投入稳定增长机制

第一,持续加大公共文化服务投入。建立健全公共文化财政投入机制,确保公共文化财政投入的增幅高于本省财政经常性收入的增幅,公共文化服务经费投入占全省公共财政总支出的比重应达到1.5%。第二,改革公共文化财政投入方式。通过政府招标和集中采购等方式,提高公共文化设施的实际利用率,提高财政资金的使用效益。第三,加大财政转移支付力度。发挥财政在消除城乡和地区间文化建设差距的作用,重点扶持乡村和欠发达地区的公共文化建设。第四,增加公共文化设施的日常管理维护费用,并将其纳入公共财政经常性支出预算当中。第五,继续加大对广播影视等惠民工程的投入,切实推进欠发达地区资金补助政策的落实。

2. 建立健全公共文化财政资金监管机制

建立科学有效的公共文化财政资金投入和项目监管机制,提高资金使用的有效性,做到投入有序和监管到位,以良好的公共文化基础设施、产品供给和规范服务来满足人民群众不断增长的公共文化需求。

(三)建立公共文化服务协调机制,推进公共文化服务标准化、均等化

标准化和均等化被认为是建立现代公共文化服务体系最关键的两个词。而推进基层公共文化服务标准化、均等化建设需要从以下几方面着手。

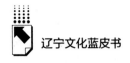

1. 注重统筹协调，推动基层公共文化设施的共建共享

建立公共文化服务协调机制，建立统筹协同机制，推动基层文化资源共建共享和重大文化惠民项目融合发展，要把公共文化基础设施的规划建设与城市整体规划相融合，统筹规划建设，统筹协调发展。

2. 坚持因地制宜，促进公共文化服务有效覆盖

第一，公共文化服务体系建设要注重结合地方实际，根据城乡和地区间不同的发展水平和区域文化特色，因地制宜地建立公共文化服务体系。在制定公共文化服务政策的时候，要考虑城乡和地区间的差异和特色，在公共文化服务投入上要慎重，关键看效果和目的。第二，公共文化服务体系建设要遵循文化发展规律。现在辽宁正处于经济发展转型的关键时期，要循序渐进地推进公共文化服务体系建设。政府主管部门要对重大文化建设项目投入加强把关，也要保证公共文化服务设施能够满足人民群众的需要。第三，公共文化服务设施建设要突出地区特色。在公共文化服务内容建设上，要把地方传统优秀文化传播开来，更要结合当前地区发展的实际情况，建立有特色的公共文化服务体系。

3. 突出群众主体地位，强化需求导向

以公共文化的普遍均等惠及全民作为目标，以满足人民群众的文化需要为导向，推进公共文化服务的标准化和均等化，保证公平正义。随着经济社会发展水平和人民文化素质的不断提升，人民群众对于公共文化服务内容的质量有了更高的要求，因此既要满足人民群众的文化需要，又要不断推陈出新，以新时代正能量的文化内容服务人民。同时建立群众评价和反馈机制，实现公共文化服务与人民群众文化需求的有效对接。

（四）引入竞争机制，促进公共文化服务社会化

引入公共文化服务竞争机制是提高服务效能的内在要求，是推动公共文化服务社会化发展的不竭动力。

1. 引导社会力量参与公共文化服务体系建设

鼓励和引导社会力量参与公共文化服务体系建设的方式多样，包括资助项目、赞助活动、提供设施和兴办实体等。鼓励社会力量建立各类文化发展基金和文化投资公司，推进文化产业发展。

2. 引入社会资本投资公共文化服务体系建设

拓宽公共文化服务社会化的范围和渠道，增强公共文化服务的开放性，建立健全政府投入与社会投入有效结合的多渠道、多元化公共文化服务投入机制。鼓励引导社会资金参与文化设施和文化项目建设。开辟多种融资渠道，形成以政府为主，企业投入、银行贷款、文化基金、证券融资、民间捐助、境外资金等相结合的多元投入机制。

3. 鼓励创作精品

设立专项艺术基金，推介优秀文化作品。实施文化精品战略，以"五个一"工程为龙头，抓好文学艺术、戏剧、影视、音乐、美术等各门类的精品生产。加强文艺理论研究，精心打造一批以辽宁地方题材为创作重点的文学艺术精品。保护、扶持民间优秀传统文化，举办民族文化展示展演活动，创建技术先进、群众喜闻乐见、有地域特色的民族文化品牌。吸纳和吸引国内外优秀文化成果，精心策划、运作一批优秀戏曲、综艺文化品牌，提升辽宁文化在国内外的影响力。加强面向青少年的文艺作品创作和生产，努力创作一批思想内容健康、知识性趣味性强、富于艺术魅力的少儿文艺作品。建立文化艺术精品和哲学社会科学优秀成果的激励机制，发挥宣传文化发展资金的作用，促进文化艺术精品创作和哲学社会科学繁荣发展。

4. 激活文化元素

建立和完善公共文化设施长期免费开放的保障机制，提供多样化平台并创造便利条件以丰富群众文化生活。充分发挥好自媒体的作用，提高人民群众的参与度，并保证自媒体内容的正能量传播和高质量供给。建立和完善民间民俗文化的传承机制，集聚民间智慧与精华，组织好秧歌赛事、新春庙会、辽宁艺术节等活动，鼓励和扶持民间书画、摄影、剪纸、皮影戏等群众文化活动，丰富城乡群众精神文化生活。

（五）加强科技力量，保障公共文化服务的网络化发展

推进公共数字文化服务体系建设是构建现代公共文化服务体系的又一重

要内容，也是当前数字经济发展的必然趋势。

1. 充分利用大数据技术和智能技术提供公共文化服务

大数据、云计算、人工智能等高新技术既给传统公共文化服务提供方式带来巨大挑战，也为公共文化服务建设提供了更新和更好的手段。互联网技术缩小了城乡和地区之间的文化鸿沟，为广大群众提供了更好的平台。腾讯、新浪等互联网平台已经成为全国性的准公共文化服务平台，通过"免费＋收费"的商业模式，实现盈利的同时，也为民众提供大量的知识和信息。截至 2020 年 12 月，即时通信用户规模达 9.81 亿，占网民整体的99.2%；手机即时通信用户规模达 9.78 亿，占手机网民的 99.3%。搜索引擎用户规模达 7.70 亿，占网民整体的 77.8%；手机搜索引擎用户规模达7.68 亿，占手机网民的 77.9%。因此，辽宁在构建现代公共文化服务体系时有必要走网络化发展道路。

2. 为未成年人提供公益性网络

互联网日益改变人们的生活方式和思维方式，未成年人也成为新的网民。"十三五"期间，我国网民规模从 6.88 亿增长至 9.89 亿，五年增长了43.7%。网民增长的主体由青年群体向未成年和老年群体转化的趋势日趋明显。网龄在 1 年以下的网民中，20 岁以下网民占比较该群体在网民总体中的占比高 17.1 个百分点。10 岁以下网民占 3.1%，10～19 岁网民占13.5%。有必要为未成年人提供"安全和健康"的上网环境，既满足未成年人合理的上网需求，又避免未成年人沉迷网络。

参考文献

熊文靓、王素芳：《公共文化服务的公众获得感测度与提升研究——以辽宁为例》，《图书馆论坛》2020 年第 2 期。

范周、侯雪彤：《"十四五"时期公共文化服务高质量发展的内涵与路径》，《图书馆论坛》2021 年第 10 期。

赵继涛、卢小君、费俊嘉：《东北地区基本公共服务公众获得感提升研究》，《合作经济与科技》2021 年第 16 期。

巩琳：《公共数字文化在全面建成小康社会建设中的成就、贡献与展望》，《图书馆论坛》，2021 年，https：//kns. cnki. net/kcms/detail/44. 1306. G2. 20210729. 1726. 006. html。

王颖：《公共文化服务高质量发展的实践与思考——以辽宁省文化集团为例》，《图书馆学刊》2021 年第 6 期。

杜刚、苏敏：《文化治理视域下山西文化软实力提升路径研究》，《中北大学学报》（社会科学版）2021 年第 5 期。

李国新：《筑牢公共文化服务高质量发展的基础》，《图书馆研究与工作》2021 年第7 期。

刘宇、周建新：《公共文化服务与文化产业的协调发展分析——基于 31 个省域面板数据的实证》，《江西社会科学》2020 年第 3 期。

B.3
辽宁非物质文化遗产保护工作报告

汪　萍*

摘　要： 本报告全面分析了辽宁省非物质文化遗产保护工作的现状。通过一系列工作的开展，辽宁非遗工作取得很大进展，辽宁省非遗进校园活动成效显著，非遗数字化保护工作获得多项奖项，探索"非遗＋"新模式，开拓创新融合发展。取得成绩的同时，辽宁非遗工作中存在一些问题，如理论研究相对滞后，经费存在较大缺口，文创产品的开发落后。通过问题的梳理，本报告提出要建立健全法规政策，完善非遗监督体系，以及贯彻两办文件最新精神，推动传统文化创新发展；要提升辽宁形象，讲好辽宁故事，建立省级"非遗馆"。

关键词： 辽宁　非物质文化遗产　"非遗＋"

一　辽宁省非物质文化遗产保护工作的现状与成绩

《中华人民共和国非物质文化遗产法》（简称《非遗法》）于 2011 年 6 月 1 日正式颁布实施。2021 年是《非遗法》颁布实施的第 10 年。10 年来，在省委、省政府的高度重视下，在省级相关部门的大力支持下，在省文旅厅、省文化集团（省公共文化服务中心）的直接指导下，以及院校、企业、

---

* 汪萍，辽宁社会科学院哲学研究所副研究员，研究方向为文化哲学。

新闻媒体等力量的通力合作和全社会的积极参与下，辽宁省非物质文化遗产保护（简称非遗保护）以及传承发扬工作不断焕发生机、法律法规体系不断建立健全、保护传承机制有效运行、活化实践日趋丰富。

（一）《非遗法》的普及宣传情况

为更好地宣传普及《非遗法》，2011 年 6 月 8 日至 12 日，由省文化厅主办、省非遗保护中心承办的"全国第六个'文化遗产日'非物质文化遗产系列普法宣传活动"在辽宁大剧院举行。一系列内容丰富、形式多样的活动在此期间推出，包括：辽宁省文化厅宣传贯彻《非遗法》座谈会、辽宁省非物质文化遗产保护成果展、全国第六个"文化遗产日"辽宁省非物质文化遗产展示活动、非物质文化遗产大讲堂、非物质文化遗产知识竞赛等。其中，非物质文化遗产大讲堂邀请国家非物质文化遗产保护工作专家委员会副主任乌丙安和辽宁大学民俗学教授江帆，为广大市民解读《非遗法》，解析辽宁省非物质文化遗产保护、传承和发展现状，《中国文化报》《辽宁日报》、新华网、东北新闻网等多家媒体对活动进行了重点宣传报道。

国家立法为非遗保护指明了方向，地方配套条例则是落实非遗保护政策的重要保障。2014 年 11 月 27 日，辽宁省第十二届人民代表大会常务委员会第十四次会议通过《辽宁省非物质文化遗产条例》（自 2015 年 2 月 1 日起施行），这也是全国范围内较早出台的地方非遗保护条例。随着非遗保护工作的深入开展，辽宁省还相应出台了多项具体工作举措。2018 年，辽宁省人民政府办公厅联合省文化厅、省工业和信息化委、省财政厅发布《辽宁省传统工艺振兴计划实施意见》，加快推动辽宁省传统工艺振兴发展；2019 年，辽宁省文化和旅游厅、辽宁省发展和改革委员会联合发布《辽宁省省级文化生态保护区设立及管理办法（试行）》，扎实推进辽宁省文化生态保护区建设工作。

（二）完善名录体系，实施非遗科学保护

自非物质文化遗产保护工作启动以来，在国务院公布的第一批（2006

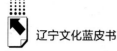

年)、第二批（2008年）、第三批（2011年）、第四批（2014年）和第五批（2021年）国家非物质文化遗产名录中，辽宁分别有22项、31项、7项、7项和9项（含扩展项目）（总计76项），主要涉及民间文学、传统音乐、传统舞蹈、传统戏剧、曲艺、传统美术、传统技艺及传统医药等方面内容。在国家级非遗认定的基础上，辽宁省分别在2006年、2007年、2009年、2011年、2015年和2021年，公布了第一批、第二批、第三批、第四批、第五批、第六批省级非物质文化遗产名录，分别有60项、54项、41项、35项、58项和46项，共计294项，其中第六批代表性项目名录如表1所示。

表1　辽宁省第六批省级非物质文化遗产代表性项目名录（46项）

序号	项目名称	申报地区或单位
一、传统音乐(1项)		
1	朝阳民间鼓乐	朝阳市
二、传统舞蹈(2项)		
2	寺庙查玛舞	阜新市
3	建平昆角秧歌	朝阳市
三、曲艺(1项)		
4	鞍山快板书	鞍山市
四、传统体育、游艺与杂技(7项)		
5	杨氏太极拳	沈阳市
6	功力门	沈阳市
7	朝鲜族象棋	沈阳市
8	老六路太极拳	鞍山市
9	祁家门五行通背拳	本溪市
10	阜新蒙古勒津喜塔尔	阜新市
11	喀左蒙古象棋	朝阳市
五、传统美术(10项)		
12	关东微雕	沈阳市
13	方氏皮箱雕刻技艺	沈阳市
14	沈阳满族刺绣	沈阳市
15	大连贝雕	大连市

续表

五、传统美术（10项）		
16	新宾满族刺绣	抚顺市
17	宽甸柳编技艺	丹东市
18	锦州锻铜浮雕画	锦州市
19	老世兴金银制作技艺	营口市
20	朝阳县慢轮制瓦	朝阳市
21	沈阳刘氏刺绣技艺	沈阳市
六、传统技艺（19项）		
22	沈阳李氏糖人制作技艺	沈阳市
23	崔氏戏鞋制作技艺	沈阳市
24	那氏旗袍制作技艺	沈阳市
25	沈阳花灯制作技艺	沈阳市
26	康福老月饼制作技艺	沈阳市
27	千山彩塑彩绘	鞍山市
28	新宾满族袍服制作技艺	抚顺市
29	本溪满族荷包	本溪市
30	辽东条编技艺	本溪市
31	凌海瞒鼓制作技艺	锦州市
32	北镇猪蹄制作技艺	锦州市
33	白家清真菜烹烤技艺	锦州市
34	胡琴制作技艺	阜新市
35	蒙古勒津馅饼制作技艺	阜新市
36	宝发祥月饼制作技艺	盘锦市
37	二界沟郭氏虾油虾酱制作技艺	盘锦市
38	刘家果子制作技艺	盘锦市
39	御膳制作技艺	省直
40	盛京满绣旗袍制作技艺	省直
七、传统医药（1项）		
41	中医骨诊	大连市
八、民俗（5项）		
42	本溪碱厂舞龙	本溪市
43	铁岭朝鲜族上元节	铁岭市
44	喀左大杖子李龙王赶香烟	朝阳市
45	铁岭舞龙舞狮	铁岭市
46	辽河口渔家菜特色食材加工技艺与习俗	盘锦市

截至 2021 年 6 月公布第五批国家级非遗项目名录（辽宁省见表 2），辽宁省已有国家级非物质文化遗产项目 76 项（含扩展项目），涉及民间文学、传统音乐、传统舞蹈、传统戏剧、曲艺、传统技艺、传统医药、民俗等十大类。辽宁省非物质文化遗产代表性项目传习基地入选名单如表 3 所示。

表 2 辽宁省第五批国家级非遗项目名录（含扩展项目）（10 项）

序号	项目名称	申报地区或单位
1	少北拳	锦州市
2	盘炕（桓仁盘炕）	本溪市
3	蒙古族马头琴音乐（蒙古勒津马头琴音乐）	阜新市
4	鼓舞（辽西太平鼓）	葫芦岛市
5	皮影戏（锦州皮影戏）	锦州市
6	摔跤（沈阳北市摔跤）	沈阳市
7	锡雕（锦州锡雕）	锦州市
8	中医正骨疗法（华山正骨诊疗技法）	沈阳市
9	元宵节（辽西朱碌科黄河阵）	朝阳市
10	庙会（天成观庙会）	朝阳市

表 3 辽宁省非物质文化遗产代表性项目传习基地入选名单

序号	名称	申报地区或单位
1	沈阳北市摔跤	沈阳市
2	辽菜传统烹饪技艺	沈阳市
3	大连老黄酒酿造技艺	大连市
4	高跷（海城高跷）	鞍山市
5	中医正骨疗法（海城苏氏正骨）	鞍山市
6	岫岩玉雕	鞍山市
7	琥珀雕刻	抚顺市
8	石雕（煤精雕刻）	抚顺市
9	砚台制作技艺（松花石制作技艺）	本溪市
10	凤城景泰蓝珀晶画	丹东市

序号	名称	申报地区或单位
11	满族刺绣	锦州市
12	锦州市非物质文化遗产传承基地(锦州市群众艺术馆)	锦州市
13	营口陈氏面塑工艺	营口市
14	蒙医血衰症疗法	阜新市
15	阜新玛瑙雕	阜新市
16	朝鲜族农乐舞、盘索里、秋夕节	铁岭市
17	东北二人转	铁岭市
18	凌源皮影	朝阳市
19	喀左东蒙民间故事	朝阳市
20	上口子高跷	盘锦市
21	二界沟排船制作技艺	盘锦市
22	兴城民间绣活、兴城全羊席	葫芦岛市
23	辽宁省文化遗产保护中心(文馨苑)	省直

(三)"众志成城·抗击疫情",辽宁非遗在行动

新冠肺炎疫情牵动着每个人的心。前线英勇的医务工作者争分夺秒抗击疫情,背后团结一致的民众恪尽职守全力支援。辽宁非遗人牢记使命,以传统技艺的形式,记录和讴歌危情之下的大爱情操与英勇事迹。关于"众志成城·抗击疫情"非遗作品创作征集的倡议发出以来,辽宁省、市、县各级非遗传承人积极响应,上下联动,已发布和推送诸多关注疫情、共抗疫情的非遗作品,并陆续通过微信公众平台推送。这些作品包括桓仁木版年画《使命担当 敢医敢言》、营口陈氏面塑《不忘初心 中国加油》、阜新玛瑙雕玛瑙芭蕉扇《灭瘟疫 国泰民安》、本溪松花石砚《众志成城 福满人间》、锦州葫芦雕《悟空降魔 钟折疫妖》、丹东玉米叶粘贴画《让党旗飘扬在抗疫第一线》、铁岭剪纸《信念》、岩满族剪纸《万众一心战疫情》、阜新剪纸《抗疫情心连心》、丹东剪纸《众志成城 抗击疫情》、凌源剪纸《中国必胜!》、锦州剪纸《武汉加油!》、辽阳剪纸《中国必胜 众志成城抗击疫情》、盘锦剪纸《疫情在前 我们不退》、阜新剪纸《宝剪除毒保平

安》、医巫闾山满族剪纸《送瘟神》、铁岭剪纸《除疫保平安》和《防疫生活小贴士套图（红/蓝）》、岫岩满族剪纸《加油武汉》、大连刻雕传承人《战疫》、庄河剪纸传承人《钟南山》、抚顺剪纸传承人《武汉必胜》、本溪木版年画《李兰娟》、抚顺面塑《中国加油》、抚顺雕刻《众志成城　战疫必胜》、朝阳烙画《天佑中华》《武汉加油》等抗"疫"题材作品300多件，为奋战在疫情防控一线的工作人员加油。

"抗击疫情　辽宁非遗在行动"专栏已推出10期，选推优秀作品124件、音视频42个。活动得到文旅部非遗司的充分肯定，也吸引了广大媒体的关注，《中国文化报》、《中国旅游报》、《辽宁日报》、新华网、北国网等媒体累计刊发报道12篇，"学习强国"平台、国家非遗中心公众号也多次刊登和转载相关报道。

为了了解疫情防控期间辽宁省非遗代表性项目的复工复产情况，进一步深入开展非遗代表性项目及传承人的传承与保护工作，2020年4~6月，辽宁省文化遗产保护中心主任宋晓冬多次带队，亲赴项目所在地，持续开展项目及传承人实地调研活动，为深入开展非遗代表性项目及传承人的传承与保护工作掌握第一手资料。

2020年4月24~25日，调研组一行前往抚顺市清原满族自治县，对国家级非遗代表性项目"满族民间故事"省级代表性传承人黄振华进行实地访谈。作为国家级代表性项目"满族民间故事"的保护单位，辽宁省文化遗产保护中心从2018年至今，已实地开展调研6次，对黄振华的100多则故事、个人口述史进行了实地采录，共形成文字资料38万字。辽宁省文化遗产保护系列丛书《黄振华民间故事精选》是"满族民间故事"这一国家级非遗代表性项目的阶段性保护成果，已经于2020年9月正式出版发行。同年5月26~29日，调研组分赴岫岩、海城、抚顺三地，对国家级非遗代表性项目岫岩玉雕、海城高跷、琥珀雕进行实地调研，并与代表性传承人进行了座谈和交流。在岫岩调研组调研了王运岫工作室、玉寿星云展厅等，全面了解了岫岩玉雕产业发展情况，对国家级代表性传承人王运岫的传承工作给予高度肯定，同时也对其宣传推广工作提出更高的要求。在海城，为辽宁省唯一入选国家级非遗代表性项目优秀保护实践案例的海城高跷的保护与传承指明思路，要在疫情还没完全结束的非常时期，抓紧时间内训队伍、外强形象。在抚顺，调研组在全国首家琥珀非遗博物馆内，详细了解了展馆布局、大师工作室、馆内传承和展示活动情况，听取了琥珀雕刻项目专家范勇对项目保护情况的介绍，也为即将开展的"BMW 中国文化之旅"辽宁行前期探访活动进行安排和准备。6 月 2～3 日，调研组前往大连、海城，对国家级非遗代表性项目大连核雕，省级非遗代表性项目大连老黄酒制作技艺、普兰店田家黄酒制作技艺、海城小码头干豆腐制作技艺等项目进行实地调研，在与传承人的交流中掌握他们的复工复产情况，以及非遗传承与保护情况。在大连，调研组了解到两家老黄酒企业和作坊各有发展，如何让当地人尤其是东北地区的民众了解到手工酿造黄酒的益处，从而使之在销售市场上有所突破，是当下最迫切需要解决的问题之一。海城小码头干豆腐目前完全依靠纯手工制作，豆腐坊规模不大，每天产量有限，但传承人对手艺的坚持使其在当地已经小有名气，他本人也有信心将传统手工技艺传承好。

二　辽宁省非物质文化遗产保护工作阶段性成果

（一）辽宁省非遗进校园活动已成常态化工作

辽宁省从 2010 年起，正式启动辽宁非物质文化遗产进校园（简称非遗进校园）活动；2015 年，非遗进校园进社区被纳入辽宁省人民政府重点民生工程，至今不曾间断，每年开展百场活动，让近万名大中小学生感受到了非遗的独特魅力。这种非遗进校园的方式，在工作方向上值得肯定和倡导，效果也是有目共睹的。但仍停留在直观展示的层面，较少进入课堂和教材，涉及文化传承由知识普及到技能培训再到学术传播等更为深广的领域。

根据非遗进校园的多年实践经验，坚持非遗进校园进社区活动，在学生的课堂学习中融入相应的非遗文化内容，有意识地引导学生接触非物质文化

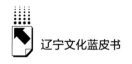

遗产，推动非遗文化的普及和传承，促使广大青少年认识非遗、增强保护意识，更能让非遗在青少年心中扎下根，推进非遗发扬光大。纳入课堂教学的非遗文化内容要具有民族感召力，能充分展示中国文明魅力，体现民族性与时代性的统一，注重地域性与多元性相结合，让非遗文化与大学生产生心灵共鸣，这不仅能够发展壮大非物质文化遗产，更利于中华优秀传统文化可持续发展。

设立"乡土教育"课程并将本地的非遗知识纳入教材的主要内容，是因地制宜、稳步推进非遗进校园的专业路径。在大学的课程设置中，通过普及省内各地非遗的本土知识，配套进行知家乡、爱故土、懂非遗、传文化的综合性兴趣培养；同时结合"特色学科"和"特色专业"的设置与建设，指导各种样式的高等教育主动开发，加速非物质文化遗产和高等教育改革的共同推进；在一些特定的领域进行相应的教学，从而丰富非遗的继承维度和深层次教育，从专业的学术角度提升技术和艺术科学性，通过系统化、规范化的实践传承非物质文化遗产。非物质文化遗产的传承与保护，是一项伟大而光辉的事业，将非遗保护引进校园是一种新的路线传承，应积极丰富和拓展。建议省教委、省财政厅、省文旅厅三部门联动，省教委将非遗进校园纳入素质教育整体规划中，省财政厅给予资金支持，省文旅厅调动传承人和项目资源因校制宜实施非遗进校园进社区活动。三方共同制定相应的管理办法，协调推进非遗进校园进社区活动，共谱传承发展新篇章。

结合目前许多非遗科目缺乏相应专业教师的客观实际，可将相应的非遗传承人以兼职或特殊人才引进的方式聘用为教学工作者，从专业技能规范性实践和建立科学教育方法的层面开展教育教学活动，在学校中，在教室里，在学生中，讲述传承非遗知识、文化和技能，这将是非遗活动在校园中深度开展的有效手段。另外，也应该适当开展相关非遗教学课本的编制，支持、鼓励相关教师和对应的传承人进行深度的合作，在课堂教学和书籍记录传播两个层面，同时实现相关教育教学活动的特色化发展。

（二）辽宁省非遗数字化保护工作的成功经验

辽宁最早从 2009 年启动非遗数字化保护工作。2013 年，辽宁成为"非物质文化遗产数字化保护工程"全国 13 个首批试点省份之一，非遗数字化保护工作的报送数量居首位，受到文化部的赞誉和肯定。2014 年至 2015 年，辽宁第二批国家试点工作获批，并高质量完成。在此基础上，启动省级非遗多媒体资源库建设工作，实现 181 个省级非遗项目图文声像资料的数字化录入和存储。2016 年，辽宁的相关单位全方位开展落实了涉及非物质文化遗产对应传承人的急迫性记录政策，现有 36 名传承人获批立项，已提交的 19 个项目成果中，4 项成果获国家优秀项目奖、1 个项目综述片获得全国非遗影像展"入围奖"。

不可忽视的是，重视非遗传承人对于此类文化的传承保护和发展壮大具有重大的意义。在我国城镇化进程不断加快的背景下，切实加强非遗传承人抢救性记录迫在眉睫，意蕴深远，这对于多元文化发展，加强文化层面的软实力，扩大文化对于社会的影响力，提升文化方面的可竞争性，显而易见地具有十分关键的历史意义和现实层面价值。当前辽宁省共拥有 294 位非遗代表性传承人（省级），而有 46 位传承人已经去世，非物质文化遗产的保护已经出现了没有继承人，进而失去继续传承给后世子孙的可能性的危机，对沈阳相声省级代表性传承人杨振华、指画艺术省级代表性传承人杨一墨等年龄较大、技艺精湛的非遗代表性传承人的数字化记录工作已刻不容缓。

（三）探索"非遗＋"新模式，开拓创新融合发展

非遗保护工作开展至今，一系列与时俱进的工作实践渐渐形成了具有辽宁特色的文化保护路线方针，创造性地落实了文化的转化与发展。开发了剧场化非遗节目的非遗专场展演。2011 年，由中共辽宁省委宣传部和辽宁省文化厅联合主办、辽宁省非物质文化遗产保护中心承办，推出了"辽海情韵"——专门定制的关于辽宁特色非遗文化的场景化演出节目，同时在辽宁大剧院面向广大的人民群众演出展现。在 2014 年和 2015 年这两个年份，

这个非遗文化专业化、特色化的"辽海情韵"演出进一步延伸至抚顺和朝阳两市，得到了广大人民群众的高度赞扬。辽宁省非物质文化遗产保护中心又与省内辽宁歌舞团通力合作，共同创造出全新的表演模式——"非遗+专业院团"和"故乡情·幸福梦"，将舞台化、现代化、艺术化的编排和多民族文化有机融合在一起，有深度、有层次、有广度地表达了辽宁非遗文化的内在美。

结合新时期保护文化类的遗产和新冠肺炎疫情联防联控的政策规定，主动试着开展传统文化传递，辽宁省非物质文化遗产保护中心与沈阳故宫创新推出"非遗+文物"的"宫中邂逅——当青花遇见剪纸"创意展，成功被广州博物馆引进；与辽宁省博物馆、辽宁省文博产业发展交流中心、辽宁文化艺术工程中心联合承办的"珍瓷剪影"传统手艺的时空对话创意展示展览活动，实现了辽宁馆藏文物与非遗传统手艺的再次融合；联合企业开展非遗文化传递的辽宁探索活动——"BMW中国文化之旅"，通过国内120多名媒体工作人员向全国人民展现了非遗文化在辽宁的魅力，同时输送4名传承人进入"清华大学美术学院BMW非遗保护创新基地"学习；将志愿者活动和非遗文化传承有效地结合，开展"春雨工程"辽宁非遗川南行志愿服务活动，为乡村振兴提供了非遗文化传承发展的全新路线方针。更是在2020年赶赴俄罗斯海滨城市符拉迪沃斯托克，第一次将非遗文化与芭蕾舞完美结合在一起，使之以全新形式出现在国际舞台上……辽宁的传统文化在异国他乡的美好展示，不仅仅表达了辽宁的特色魅力，更是在向全世界各国人民展现属于中华民族的故事。

文化遗产展现了辽宁历史、经济、文化、科技等各方面的发展脉络和成就。在省委、省政府提出"提升辽宁形象"工程的当下，打造一座省级展示馆，让更多人在寓教于乐中领悟传统文化的内涵和精髓，助力传统文化的传承与弘扬，是落实中华优秀传统文化传承发展工程的重要举措。常态化、公益性的非遗活动和多元化、人性化服务，使省级展示馆成为辽宁弘扬优秀传统文化的教育基地、研学基地、宣传平台，有利于更好地展示辽宁风貌、传递辽宁声音、提升辽宁形象、讲好中国故事辽宁元素。

文旅融合背景下新型公共文化服务的重要内容——文化遗产涉及百姓生活的方方面面，是最接地气，也最贴近民生的文化内容。但由于文化遗产分散各地，很难形成规模和影响。

三　辽宁省非物质文化遗产保护实践存在的问题

在长期的非遗保护实践中，我们也善于发现问题、总结经验。存在的问题，对非物质文化遗产的保护造成一定困难，有的是非遗保护进程中出现的瓶颈问题，有的是各地区普遍存在的问题，有的则是个例问题。

（一）在基础的非遗理论知识方向上处在落后阶段

必须认识到非物质文化遗产的保护是一种全新的、多方向、多层次、具有高度专业性、涉及内容广而杂的工作。辽宁省非遗保护研究的基础理论和应用理论的探索及科学研究还普遍存在明显不足的状况。目前相对深入的理论的主要在保护意义、重要性的挖掘上，对于实际工作过程中出现的新问题和突出难题，不能够将理论的政策规定和实际发生的事情很好地联系起来，不具备针对性的理论引导和支持性的政策保护，降低了文化保护的深入性，更是缺少对应的指导性规范意见。传承人队伍老化、断档。随着时间推移，辽宁省一些传承人相继辞世（58 名国家级代表性传承人中已有 12 人去世），一些传统项目濒临失传，传承人断档问题严重。必须意识到非遗文化宝藏资源的特征是：大多数的文化是存在于普通人民群众中，流传于普通人之间，因为社会的飞速发展，人民群众生活方式的快速转变，多国家、多民族文化的融合，我国非遗文化不能够长时间、多频次地出现在面向广大群众的舞台上，带来了文化的断层或接近断层。普通群众参与传统文化的机会也不够多，难以加入文化传承中，而且大多数的民间技艺属于独家的技术，传承方式多为口耳相传，虽然在老龄人口中传统文化依然存在相当的影响，但是多数的年轻群体难以接触了解、熟悉喜爱此类传统文化。民间的文化传承缺乏年轻一代的支持，容易造成文化断层甚至消失。

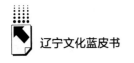

（二）涉及非遗文化的财政支出依然不足，非遗保护需要一定的经费支持

虽然各级财政拨付了一些支持资金，但与抢救保护需要的数量相比，与繁重的传承和保护任务相比，仍有较大的资金缺口，辽宁省非遗专项经费呈现逐级递减的状态。《辽宁省非物质文化遗产条例》明确规定："省、市、县人民政府应当设立非物质文化遗产保护专项资金，并将保护经费列入本级财政预算"。目前，全省只有沈阳、大连等部分地区将非遗经费纳入财政预算，其余都是政府给予大型活动一定经费支持。各级财政对非物质文化遗产保护事业投入的缺失，使非物质文化遗产的调查挖掘、普查建档、保护规划、传承保护以及合理利用等工作都难以开展，许多珍贵的非物质文化遗产面临濒临失传的严峻形势。此外，非物质文化遗产的保护、研究、开发等工作同样需要大量经费的支持，经费方面的困难成为制约辽宁省非遗挖掘保护的最重大问题。

基础设施建设不均衡。非遗基础设施建设是做好非遗保护工作的重要依托。从目前来看，传习场所规模小、层次低、设施简陋，辽宁省目前还没有一家省级规模的非物质文化遗产展示、传习、展览场馆，辽宁省文化遗产保护中心在保护实践中掌握了非遗传承与保护的方式方法，形成了非遗展示馆结构布局的初步设计理念，结合现有办公场地进行了有益尝试，于2018年打造了一处集传统小剧场、民俗街景展示、匠心工坊传承于一体的展示空间——文馨苑。但这一处狭小的空间与辽宁省极其丰富的非物质文化遗产资源相比，仍不相适应，严重制约了非遗的保护、传承、展示、宣传等。

（三）非遗文化创意衍生品亟待开发

随着文化创意衍生品、文创商品的升温，各地各机构都在开展以非遗元素、非遗代表性项目为基础的文化创意研发，尤其以最具国际范儿的"网红"萌主——故宫博物院为代表，其文创产品已经风靡各地各行业，所产生的经济效益和社会效益远超传统文化商品。辽宁省非遗代表性项目具有较强的地域性和民族性，可在非遗传承和保护中对文创产品的开发落后于其他地区。主要原因在于：一是传承人的保守，二是项目保护单位无此专项和与市场对接的能力来开展此项工作，三是一些文化创意公司和团队尚未介入真正的非遗领域。

四　对辽宁省非物质文化遗产保护工作的建议

（一）建立健全法规政策，完善非遗监督体系

在保护非物质文化遗产工作中，深入学习贯彻《非遗法》精神，加快构建地方法律法规和政策保障机制。尤其辽宁省处于机构改革的特殊时期，更要保证非遗机制的上下连贯，各级政府和非物质文化遗产保护机构应该以《非遗法》《辽宁省非物质文化遗产保护条例》的实施为契机，将学习贯彻法律精神提升到政治高度。同时，以其为准绳，结合本地区实际，制定非物质文化遗产保护的实施细则、地方配套法律法规、项目三年或五年保护计划，完善非物质文化遗产保护的相关政策，使非物质文化遗产保护工作真正做到有章可循、有法可依、依法保护。

完善监督体系就是要建立健全非物质文化遗产监管与督查机制。非物质文化遗产的保护和传承工作需要依靠国家、省、市、县四级联动、有效监管。因此，各级政府应主动担负起保护的责任，将非物质文化遗产的保护工作正式纳入政府考核体系。一方面，各市县政府应严格按照国家的要求和部署，对项目保护现状和保护规划实施情况、保护单位履行保护职责情况、项目保护经费使用情况和传承人义务履行情况，进行定期的督导和巡检，将考察结果计入年终绩效考核。另一方面，各保护单位可以通过建立传承人档案，实行传承人联网管理机制，掌握传承人带徒授艺情况、参与展示展演的情况以及活动。

（二）贯彻两办文件最新精神，推动传统文化创新发展

2021 年 8 月 12 日，中共中央办公厅、国务院办公厅印发了《关于进一

步加强非物质文化遗产保护工作的意见》（以下简称《意见》），《意见》提出要健全非遗保护传承体系，包括完善调查记录体系、代表性项目制度、代表性传承人制度、区域性整体保护制度、传承体验设施体系、理论研究体系等多个方面；同时也要围绕加强分类保护、融入国家重大战略、促进合理利用三方面提高非遗保护传承水平；通过促进广泛传播、融入国民教育体系、加强对外和对港澳台交流合作加大非遗传播普及力度；在组织领导、政策法规、加强财税金融支持、强化机构队伍建设等方面对非遗的传承与保护工作给予配套保障。《意见》准确把握了新时代非物质文化遗产保护的历史方位和重大意义，是辽宁省做好新时代非物质文化遗产保护工作的纲领性文件，落实《意见》，尤其在文旅融合的特殊时期，深入挖掘乡村旅游消费潜力，支持利用非物质文化遗产资源发展乡村旅游等业态，以文塑旅、以旅彰文，推出一批具有鲜明非物质文化遗产特色的主题旅游线路、研学旅游产品和演艺作品。支持非物质文化遗产有机融入景区、度假区，建设非物质文化遗产特色景区。鼓励合理利用非物质文化遗产资源进行文艺创作和文创设计，提高品质和文化内涵。利用互联网平台，拓宽相关产品推广和销售渠道。鼓励非物质文化遗产相关企业拓展国际市场，支持其产品和服务出口，将有效和有力推动辽宁省传统文化创新发展。

（三）提升辽宁形象，讲好辽宁故事，建立省级"非遗馆"

2021 年 4 月 29 日，文化和旅游部印发的《"十四五"文化和旅游发展规划》中提出，到 2025 年我国将建设 20 个国家级非物质文化遗产馆。建立非遗馆，加强非遗保护已经成为普遍共识，全国大部分省区如福建、陕西、江苏、广东等地，均已建立省级非遗展示场馆，辽宁省相对落后。辽宁省非遗保护工作从 2009 年至今，"非遗馆"建设也先后被纳入辽宁省"十二五"、"十三五"规划，但至今尚未建成。

辽宁文化源远流长、底蕴丰厚，承载着五千年文明发展的历史进程，也凝聚着辽河儿女不懈奋斗的时代精神。丰富多彩的文化遗产为中华民族生生不息、发展壮大提供了丰厚滋养，建展示馆能够有效推进文化遗产融入生活，使之在新时代得到更好的传承与传播。当前，在省委、省政府提出"提升辽宁形象"工程的当下，打造一座省级展示馆，让更多人在寓教于乐中领悟传统文化的内涵和精髓，助力传统文化的传承与弘扬，是落实中华优秀传统文化传承发展工程的重要举措。一些有条件的市县，如锦州市、朝阳市、凌源市、岫岩满族自治县已经建成展示馆并投入使用，这为省级非遗展示馆的筹建积累了经验，有利于更好地展示辽宁风貌、传递辽宁声音、提升辽宁形象、讲好中国故事辽宁元素。建设省级展示馆，以此为阵地，积极推进公益性文化活动品牌、传统文化传承品牌、民俗文化旅游品牌建设，打通公共文化服务的"最后一公里"，发挥"辽宁文化客厅"的作用，让百姓乐享文化生活。

参考文献

文化部非物质文化遗产司：《文化部关于加强非物质文化遗产生产性保护的指导意见》，2012 年 3 月 1 日，https：//www. chinesefolklore. org. cn/web/index. php？ NewsID = 10101&Page = 1，检索时间：2020 年 10 月 26 日。

《辽宁省人民政府关于公布第六批省级非物质文化遗产代表性项目名录的通知》，2020 年 12 月 1 日，http：//www. ln. gov. cn/zwgkx/lnsrmzfgb/ 2021/qk/d20q/. gwywj_170125/202103/t20210310_ 4097042. html。

《中共中央办公厅、国务院办公厅印发〈关于进一步加强非物质文化遗产保护工作的意见〉》，2021 年 8 月 12 日，http：//www. gov. cn/zhengce/2021 – 08/12/content_ 5630974/htm。

高峰：《试论中国非物质文化遗产的品牌化传播》，《北京联合大学学报》2021 年第 1 期。

杨和平、杨嘉玮：《非物质文化遗产保护的"中国经验"》，《中国社会科学报》2020 年 11 月 20 日。

张佳翔：《基于非物质文化遗产的文创产品开发研究》，《今古文创》2021 年第 13 期。

B.4
辽宁省文物博物馆事业公共文化服务发展报告

王彤菲*

摘　要：　博物馆作为中国特色社会主义文化建设的重要组成部分，是凝心聚力和激励人们的重要力量，担负着提高全民素质、推动文化发展的历史使命。2020年对于博物馆来说是不平凡的一年。2020年，辽宁省各博物馆贯彻落实党中央决策部署，坚持把人民生命安全和身体健康放在第一位，不断提高公共文化服务水平。2020年辽宁省文物博物馆在稳中求进、开拓创新中取得卓越成就。

关键词：　辽宁省　文物博物馆　公共文化服务

博物馆作为中国特色社会主义文化建设的重要组成部分，是凝心聚力和激励人们的重要力量，担负着提高全民素质、推动文化发展的历史使命。中国历史悠久、文化灿烂，博物馆里收藏保存着丰富多彩的文化遗产资源和自然资源。作为社会教育机构和公共文化机构，博物馆是良好的教育阵地，发挥着积极的不可代替的独特的社会功能。

一　辽宁省文物博物馆事业公共文化服务发展的基本情况

2020年，辽宁省文化和旅游系统坚持以习近平新时代中国特色社会主

---

*　王彤菲，鲁迅美术学院人文学院教师，研究方向为美术学。

义思想为指导，深入贯彻党的十九大和十九届二中、三中、四中、五中全会精神，改革创新、开拓进取，推动各项工作取得显著成效。

（一）有效推进疫情期间复工复产

坚持同新冠肺炎疫情做斗争，用实际行动守护人民平安、促进行业发展，努力做到疫情防控和复工复产复业"双推进"。发布公共文化机构、剧院、旅游景区等开放指南，推出预约、错峰、限量等针对性举措，有序推进复工复产复业。疫情期间辽宁省各博物馆采取网上实名制预约和限流管理。观众可在微信公众号预约通道提前预约，疫情防控期间不进行现场取票，观众须在安检处出示"健康通行码"、有效身份证件、本人预约二维码，检测体温、安检物品、戴口罩方能入内参观。观众若未佩戴口罩或出现发热（体温≥37.3℃）、咳嗽等症状，不得入馆。

疫情防控期间，辽宁各家博物馆根据本馆实际情况及收藏文物特点，相继推出了云游博物馆、博物馆讲堂等相关活动，使广大群众在线上数字博物馆有更好的观感体验。辽宁省博物馆相继推出了闻识博古云游辽博、电波通辽博等栏目，沈阳博物院推出沈阳博物院微课堂等栏目。2020年5月18日，由中国文物交流中心、辽宁省文化演艺集团（辽宁省公共文化服务中心）主办，辽宁省博物馆、辽宁省图书馆承办的"启示——人类抗疫文明史"主题展览在辽宁省博物馆一层1号临时展厅正式开展。这是一场抗"疫"、战"疫"主题的展览，也是博物馆人彰显社会职责、贡献文化力量的一种体现。辽宁省博物馆、辽宁省图书馆还选取了部分与展览主题相关的文物和古籍加以展示，力求为观众提供更为丰富的知识内容。博物馆官方网站同期推出线上展览。

（二）稳中求进，开拓创新

坚持稳中求进、开拓创新，各项工作取得积极进展。庆祝中国共产党成立100周年舞台艺术精品创作等工程深入实施，纪念中国人民志愿军抗美援朝出国作战70周年、抗日战争胜利75周年等文艺活动成功举办。2020年

10月25日，是中国人民志愿军抗美援朝出国作战70周年纪念日。在这个重要的日子，辽宁省文化遗产保护中心发起相关主题作品征集活动，举办铭记伟大胜利、传承革命精神——纪念中国人民志愿军抗美援朝出国作战70周年非遗作品展。中国传统工艺振兴计划、非遗传承人群研培计划、曲艺传承发展计划深入实施。辽宁省文化遗产保护中心相继推出辽宁文化遗产视频赏析、非遗过大年、文化进万家、传统文化大讲堂、非遗公开课等栏目。2020年11月19日，第四批国家工业遗产拟认定名单在工信部网站公示。辽宁有3项进入名单，沈阳老龙口酒厂、大连造船厂修船南坞、阜新煤炭工业遗产群入选。

2021年，沈阳"九·一八"历史博物馆开馆30周年以来将进行整体改陈，新展览将以习近平总书记关于中国人民抗日战争的系列讲话精神和"14年抗战概念"为宗旨，彰显中国共产党在东北抗战中的中流砥柱作用，充分反映中国人民抗日战争在世界反法西斯战争中的作用和地位。博物馆为了改陈后有更好的呈现，面向社会开展观众调查，搜集观众的意见和建议，对新馆改陈的内容设计和形式设计进行修改完善。博物馆在2020年末开始进行第一批改陈问卷调查，针对的是沈阳农业大学、辽宁城市建设职业技术学院、辽宁传媒学院3所高校，采取随机采访的方式，对3所高校的245名学生进行调查。此次观众调查正值沈阳疫情有所反复，通过电子文档、云视频等方式进行线上问卷调查。通过本次调查，博物馆不仅了解了当下年轻人对学习历史、了解历史，并从历史中汲取向上、向善发展精神的渴望，而且了解了当代大学生对博物馆陈列有更高的要求和期待。在调查中博物馆工作人员感受到学生们对改陈调查的参与热情非常高，有13.61%的同学认为展出方式不佳，有4.22%的同学认为《露营之歌》场景应该更加宏大，并且在调查中学生们利用充分的想象力为博物馆的改陈提出了许多建设性的意见和建议，比如：扩充历史内容、增强场景的互动性、深入的解读历史、采用更新颖更现代的展示手段等。本次调查后，博物馆将满足观众期待，不仅仅增加展览面积，更增加百余份新发现的历史图片，增强历史与科技的融合，用全新的讲述手段展现真实的历史，呈现更现代化的历史博物馆。

国家发改委社会发展司、文化和旅游部资源开发司于 2020 年 5 月组织开展了"红色旅游发展典型案例征集展示活动",以总结推广各地的经验做法,推动全国红色旅游健康发展。9 月 25 日,经过遴选,全国选出 60 个红色旅游发展典型案例,沈阳"九·一八"历史博物馆、抗美援朝纪念馆、抚顺市雷锋纪念馆 3 个重要案例成功入选。

表 1　红色旅游发展典型案例入选名单

序号	地区	案例名称
1	北京市	李大钊烈士陵园红色旅游发展典型案例
2		马栏村红色旅游发展典型案例
3	天津市	周恩来邓颖超纪念馆红色旅游发展典型案例
4		天津战役纪念馆红色旅游发展典型案例
5	河北省	平山县西柏坡红色旅游发展典型案例
6		涉县一二九师红色旅游发展典型案例
7		雄安新区白洋淀红色旅游发展典型案例
8	山西省	朔州右玉红色旅游发展典型案例
9		大同市平型关景区红色旅游发展典型案例
10	内蒙古自治区	打响红色旅游品牌　推进红色旅游高质量发展——鄂托克前旗红色旅游发展典型案例
11	辽宁省	肩负起新时代弘扬雷锋精神的光荣使命——雷锋纪念馆红色旅游发展典型案例
12		聚力融合　创新发展　共建沈阳抗战联线——"九·一八"历史博物馆红色旅游发展典型案例
13		依托红色资源　创建经典品牌——抗美援朝纪念馆红色旅游发展典型案例
14	吉林省	讲好红色故事、用活红色资源,打造乡村红色旅游发展新模式——汪清县红日村红色旅游发展典型案例
15		多措并举创新赋能　谱写红色旅游新篇章——长春市东北沦陷史陈列馆红色旅游发展典型案例
16	黑龙江省	大庆铁人王进喜纪念馆红色旅游发展典型案例
17		东北烈士纪念馆红色旅游发展典型案例

2020 年 10 月 30 日,中国沈阳工业博物馆、沈阳市文物保护协会举办了"弘扬抗美援朝伟大精神 汇聚沈阳振兴磅礴力量"主题展览。

（三）推动文化和旅游建设

辽宁省坚决贯彻落实党中央决策部署，主动对接国家重大战略，围绕中心服务大局工作取得显著成效。紧密围绕决战决胜脱贫攻坚、全面建成小康社会，聚焦"三区三州"、定点扶贫县扶贫点，发展乡村旅游、特色文化产业，推进非遗扶贫就业工坊建设，实施旅游规划扶贫公益行动，顺利完成文化和旅游扶贫任务。推动文化和旅游工作纳入和服务"一带一路"建设、乡村振兴、粤港澳大湾区等重大战略。

第 17 届中国—东盟博览会于 2020 年 11 月 27～30 日在广西南宁举行，张氏帅府博物馆（沈阳金融博物馆）参与了本次博览会。本届博览会以"共建'一带一路'，共兴数字经济"为主题，同步举办实体展和"云上东博会"。线下实体展总展位数达 5400 个，不仅有来自世界 500 强企业的智慧能源、智慧机器人等一批新技术、新产品、新服务亮相，而且有共建"一带一路"国家的食品饮料、农产品、家居、教育旅游、投资服务集中展示。2020 年 11 月，中国侨联确认了 93 家由各省（自治区、直辖市）侨联推荐的文化机构入选第八批中国华侨国际文化交流基地，抚顺市雷锋纪念馆位列其中。2020 年 9 月 16 日，"沈阳成功申报中国饺子文化起源地"新闻发布会召开，由中共沈阳市委宣传部、沈阳市文化艺术界联合会申报的中国饺子文化起源地研究课题项目在北京成功通过，代表了沈阳成功申报中国饺子文化起源地。12 月 7 日，国务院将辽宁省辽阳市列为国家历史文化名城。

（四）陈列展览活动成效卓著

2020 年 5 月 18 日，由辽宁省博物馆策划的"又见大唐"展获得第十七届全国博物馆十大陈列展览精品推介优胜奖。全国博物馆十大陈列展览精品推介活动，由中国博物馆协会和中国文物报社联合主办，是面向所有在文物部门注册登记的博物馆或相关文博机构自主策划、举办的原创性展览，秉持的原则是"公正、公平、公开"，一年一届，已经持续举办了 16 届，2020

年是第十七届。这些获奖展览代表了目前国内博物馆陈列展览的最高水平，代表了最先进的陈列技术、最科学的布展方式、最人性化的方案设计和最深刻的对文物内涵的阐释。评选活动竞争激烈，2020 年的评选活动中共有 114 个展览项目通过资格审查参评。经过初评，有 29 个展览项目进入终评。终评会于 5 月 16 日在"5·18 国际博物馆日"主场南京召开，主办方从不同领域指定了 15 名资深评委，每个展览项目的汇报时间严格控制在 12 分钟，并通过多家网络媒体进行现场直播。在辽宁省博物馆"又见大唐"展的汇报中，简短的情况介绍后，辽宁省博物馆策展团队给评委播放了精心制作的展览宣传片，接着以"四见"为题，从"高端策划""创新思维""丰富内涵""文化热度"四个独特的角度对展览进行了详细解读，体现了其对展览的整体构思和深入思考。5 月 18 日是"国际博物馆日"，当天上午，在南京博物院，全国博物馆十大陈列展览精品推介项目优胜奖与精品奖公布。这是辽宁省博物馆继 2005 年"辽宁省博物馆新馆文物专题陈列"获精品奖和 2009 年"辽河文明"展获最佳内容设计奖之后，时隔 11 年再次获此殊荣。

由中国文物交流中心指导、博物馆头条定期发布的"中国博物馆热搜榜"2020 年第四季度全国热搜博物馆百强榜单中，沈阳故宫等 105 家受到网友高频搜索的全国博物馆上榜，综合网站搜索和微信搜索等方面沈阳故宫以 2.96 的中博热搜综合指数位列第 24 名。主办方选取国家文物局公布的 305 家已备案博物馆作为博物馆热搜样本库，按照展览、公众、传播、品牌四个维度，设置原创指数、学术指数、参观指数、互动指数、热搜指数、发布指数等共计 20 项指数作为评价依据，相关数据来自对每时每刻成千上万的网络查询的统计和分析，能折射出当前博物馆行业的发展现状和潜力，在一定程度上体现了各博物馆受网友的关注程度。

2020 年 8 月 14 日，国家文物局公布 2020 年度"弘扬优秀传统文化、培育社会主义核心价值观"主题展览推介项目 100 项，其中重点推介 20 项。由辽宁省博物馆申报的"山高水长——唐宋八大家文物精品展""文·物——中华传统文化教育展"获得国家文物局推介，其中"山高水长——唐宋八大

家文物精品展"入选 20 项重点推介项目。

2020 年 12 月 17 日上午，纪念抗日战争胜利 75 周年、抗美援朝出国作战 70 周年"追寻先烈足迹"短视频征集展示活动成果发布会在中国人民革命军事博物馆举行，中宣部宣教局、中央网信办网评局、退役军人事务部褒扬纪念司、国家档案局中央档案馆、国家文物局革命文物司等领导出席发布会，评选出的"机构推选优秀作品"、"个人创作优秀作品"及"优秀组织者"受到表彰。本次活动由中宣部宣教局、中央网信办网评局、退役军人事务部褒扬纪念司、国家文物局革命文物司、国家档案局办公室共同指导，环球网主办，抗美援朝纪念馆、井冈山革命博物馆、中华英烈网、腾讯视频、腾讯微视、今日头条、抖音、西瓜视频、新浪微博、爱奇艺、快手、B站、梨视频、秒拍、优酷等协办。梨视频陆锰发布的《走访"九·一八"纪念馆》荣获得个人优秀创作奖，沈阳"九·一八"历史博物馆荣获优秀组织奖。本次活动共吸引了全国 200 余家组织机构报送作品，收到机构及网民个人报送作品累计 1.4 万余件，各短视频平台视频总播放量突破 10 亿次，微博话题"追寻先烈足迹"引起广泛关注和热烈反响，阅读数达 3.6 亿，讨论数达 3.1 万。梨视频陆锰发布的《走访"九·一八"纪念馆》被中国人民革命军事博物馆收藏展示。

2021 年 5 月 18 日，国际博物馆日当天携程发布 2021 年上半年文博游大数据，沈阳故宫博物院上榜 2021 年上半年国内最受欢迎的十大博物馆。2021 年上半年国内最受欢迎的十大博物馆是故宫博物院、河南博物院、恭王府博物馆、沈阳故宫博物院、秦始皇帝陵博物院（兵马俑）、三星堆博物馆、陕西历史博物馆、开封博物馆、荆州博物馆和中国地质博物馆，沈阳故宫博物院位列榜单第四。

文物交流智库以 2020 年全国博物馆样本数据和海外舆情数据为基础，形成《2020 年度全国博物馆（展览）海外影响力评估报告》。沈阳"九·一八"历史博物馆在"纪念类博物馆综合影响力"中位列第七。在"全国博物馆海外综合影响力"和"综合类博物馆综合影响力"榜单中，辽宁省博物馆分列第七（见表 2）和第六。

表2 2020 年度全国博物馆（展览）海外影响力评估排名

排名	博物馆名称	综合影响力指数
1	故宫博物院	82.00
2	上海博物馆	38.27
3	河南博物院	34.78
4	中国国家博物馆	34.26
5	山东博物馆	33.54
6	秦始皇陵博物馆	29.01
7	辽宁省博物馆	27.77
8	首都博物馆	27.45
9	浙江省博物馆	26.55
10	湖南省博物馆	25.99

2021 年 5 月 18 日，由国家文物局指导，中国博物馆协会、中国文物报社主办的"第十八届（2020 年度）全国博物馆十大陈列展览精品推介活动颁奖仪式"在北京举行。辽宁省博物馆报送的"山高水长——唐宋八大家主题文物展"荣获"全国博物馆十大陈列展览精品推介活动"精品奖。

2021 年"五一"劳动节期间各博物馆游客量倍增。沈阳故宫博物院 5 月 1 日至 5 月 5 日共接待游客 13.37 万人次，2020 年同期人数为 1.4 万人次，2019 年同期人数为 11.88 万人次。其中 5 月 1 日至 5 月 3 日每日接待游客控制在 3.2 万人次，5 月 4 日接待游客 2.45 万人次，5 月 5 日接待游客 1.32 万人次。张氏帅府博物馆 5 月 1 日至 5 月 5 日共接待游客 85068 人次。其中 5 月 1 日游客数量为 17230 人次，同比增长 576%，较 2019 年增长 10%；文创收入为 49387.1 元，同比增长 2834%，较 2019 年增长 28%。5 月 2 日游客数量为 24150 人次，同比增长 705%，较 2019 年增长 22%；文创收入为 50604.6 元，同比增长 2325%，较 2019 增长 23%。5 月 5 日，小长假最后一天，外地游客返程，游客接待量为 8534 人次，较前几日稍有下降。中共满洲省委旧址纪念馆参观总人数 7310 人次，其中老年人 5891 人次、青少年 1419 人次；本地人口为主要来源（6625 人次），外地人口 685

人次。不仅如此，中共满洲省委旧址纪念馆线上展览《中共满洲省委百位英雄人物》、《红色三分钟》、《辽宁籍中国共产党革命烈士》和《中共满洲省委革命斗争史》在学习强国与微信公众平台上现总播放浏览量达 6 万余次。线下展览《学党史　悟思想　办实事　开新局》与《沈阳地区隐蔽斗争历史展》，从 3 月至今接参观观众近 10 万人次（多为党政机关和企事业团体）。

表 3　张氏帅府博物馆 2021 年"五一"劳动节期间游客接待量及增长情况

单位：人次，%

时间	2019 年	2021 年	增长率
5 月 1 日	15653	17230	10
5 月 2 日	19702	24150	22
5 月 3 日	16716	19803	18
5 月 4 日	8087	15351	89
5 月 5 日		8534	
累计	60158	85068	41

据文化和旅游部数据中心测算，2021 年"五一"假期全国国内旅游出游量共 2.3 亿人次，同比增长 119.7%，而在旅游大军中除常见的热门景区外，博物馆、遗址、红色旅游的热度持续走高，旅游人群画像方面也较以往有了新变化。更值得一提的是，在《2021"五一"旅行大数据报告》中沈阳故宫成为新晋全国热门景区。

2020 年 12 月 21 日，经报国家文物局备案，中国博物馆协会发布了第四批全国博物馆定级评估结果，核定 74 家博物馆为国家一级博物馆，221 家博物馆为国家二级博物馆，225 家博物馆为国家三级博物馆。其中，沈阳工业博物馆、辽宁古生物博物馆、抚顺市雷锋纪念馆、辽沈战役纪念馆被核定为国家二级博物馆。

（五）夯实基础，提升专业能力

坚持夯实基础、提升专业能力，组织保障工作得到新的加强。文化产业促进法等立法任务取得积极进展，文化体制改革全面深化，干部和人才队伍建设力度不断加大。重大文化设施建设有序推进，标准化工作全面加强，文化和旅游部重点实验室建设稳步推进。

2020年10月3日，"守望千年奉国寺·辽代建筑遗产保护研讨暨第五批中国20世纪建筑遗产项目推介公布学术活动"在义县奉国寺隆重举行，来自文博、建筑等领域的知名专家学者、省市县各级领导与域内外众多游客参加此活动。3日上午，分别举行了奉国寺建造1000年"千年鼎、千年赋、千年纪念碑"揭彩仪式、专家学者考察奉国寺大雄殿、慈润山河—奉国寺千年华诞图文展、百余位小学生"奉国寺千年贺颂"、专家和领导致辞、公布推介101项"第五批中国20世纪建筑遗产"项目等活动。

2020年11月22日上午，由国家文物局主办、中国文物信息咨询中心承办的"2020年书画类文物鉴定培训班"开班仪式在辽宁省博物馆举行。中国文物信息咨询中心党委书记、主任刘铭威，辽宁省文化演艺集团（辽宁省公共文化服务中心）党委常委、副主任，辽宁省博物馆馆长王筱雯，国家文物鉴定委员会委员、故宫博物院研究员余晖等出席开班仪式。开班仪式由中国文物信息咨询中心资质资格认证部主任邱方主持，来自全国29个省（自治区、直辖市）的国家文物进出境审核机构以及涉案文物鉴定机构的50名学员参加此次培训。

为深入贯彻党的十九届五中全会关于"加强网络文明建设，发展积极健康的网络文化"的部署要求，2020年12月10日上午，中央网信办专题调研组来抚顺调研网络文明建设相关工作情况，并在雷锋纪念馆召开座谈会。为提高雷锋纪念馆馆藏文物保护、管理和利用水平，挖掘文物的研究价值，发挥文物的社会教育功能，2020年12月7日上午，雷锋纪念馆邀请张氏帅府博物馆副馆长、研究馆员赵菊梅来馆做"近现代文物的鉴定和管理"专题讲座。

2020年11月30日，中国博物馆协会史前遗址博物馆专业委员会年会、史前遗址博物馆陈列布展学术研讨会在杭州召开，来自全国40余家单位的近百名专家和代表参加会议。会上，中国博物馆协会秘书长李金光对史前遗址博物馆的发展提出建议。12月1日，由跨湖桥遗址博物馆、临洮县博物馆、中国博物馆协会史前遗址博物馆专业委员会联合举办的"洮河遗韵——临洮5000年历史文物展"在跨湖桥遗址博物馆举行开幕式。同时举办为期1天的"史前遗址博物馆陈列布展学术研讨会"，围绕"史前遗址博物馆陈列布展"主题展开，跨湖桥遗址博物馆馆长吴健等专家就遗址博物馆陈列提升改造、流程实施进行经验分享。新乐遗址历史博物馆工作人员和与会专家们，就"陈列布展"这个主题进行了深入的交流探讨，同时也从跨湖桥遗址博物馆焕然一新的陈展风格中汲取了许多有益的参考。

为贯彻落实习近平总书记关于褒扬纪念工作的重要指示批示精神，明确新时代褒扬纪念工作的重大意义、目标方向和基本要求，对新时代褒扬纪念工作政策进行深入解读，传授英烈讲解礼仪规范、内容创作及沟通技巧等方面知识，英烈讲解工作经验交流活动得以开展。本次活动通过"再启航"系统平台组织线上培训，开展为期5天的全国英烈讲解员网络学习活动。通过报名，辽宁省选拔了80位优秀讲解员进行网络学习。

2020年沈阳市文物考古研究所共收到88个地块（项目）的考古勘探工作委托，在完成的考古勘探项目中有12处考古新发现，创下了建所近20年的历史纪录，极大丰富了沈阳历史文化名城的内涵与底蕴。截至10月30日，市文物考古研究所已完成7项配合性及抢救性考古发掘，包括中心里遗址、上马遗址、东乱泥墓葬、班家寨西清代遗存、侯家村墓地、麦子屯墓葬、秋皮沟墓葬。正在实施3项配合性考古发掘，分别为小张尔南遗址、杨官屯遗址及孝信汉墓群，实施1项主动性考古发掘项目——北崴遗址。通过发掘，揭示了上马遗址、中心里遗址等一批具有重要价值的历史遗存。

为了进一步提高在清前史领域的研究能力，加强与辽宁省社科联的联系，拓展双方在科研项目尤其是重点课题方面的合作，沈阳故宫博物院特邀请国家清史编纂委员会副主任朱诚如、国家清史编纂委员会委员李治亭、南开大学刘毅教授、天津大学杨菁副教授以及李仲元、郭大顺、顾奎相、陈伯超等辽沈地区考古、文博、历史、档案、建筑等领域的著名学者和辽宁省社科联领导，召开"沈阳故宫清前史研究规划研讨会"，借助专家学者的力量，为沈阳故宫未来的学术发展趋势指明方向。

不仅对博物馆工作人员，对博物馆志愿者也进行了相对专业的培训。如为进一步提升志愿者团队的文化素养和专业能力，辽宁省博物馆于 2020 年 9 月中下旬组织优秀志愿者，分两批前往广州、上海两地文博单位参观学习。2020 年 12 月，"辽宁省博物馆志愿者历史文化宣讲团"荣获"2020 年全国文化和旅游志愿服务项目线上大赛"三等奖。12 月 14 日，沈阳故宫博物院志愿者业务综合拓展培训班在沈阳故宫西朝房正式开班。本次培训班由沈阳故宫博物院学术委员会委员、研究馆员李建华授课，为 60 名志愿者学员讲授"沈阳故宫建筑历史修缮""博物馆陈列及沈阳故宫陈列类型、特点""沈阳故宫文物及其物质文化谱系""文物法法规""沈阳地方历史"等一系列课程。

2020 年 11 月 19 日，全国超过 120 家博物馆的近 200 位博物馆专家学者、从业人员、志愿者参加了在安徽博物院召开的中国博物馆协会志愿者工作委员会年会。志愿者工作委员会秘书处共收到 25 份团队入会申请，申请经过初评和终评，最终 17 家加入中国博物馆协会志愿者工作委员会，沈阳新乐遗址博物馆成功入会。

（六）传播文化，博物馆进课堂

2018 年，辽宁省博物馆在兴工一校开设了"博物馆奇妙课程"。2020 年 9 月 22 日，由志愿者走进校园为学生讲解精彩课程。此次，辽宁省博物馆志愿者应沈阳市铁西区兴工一校邀请，为该校五年级的学生讲解"博物馆奇妙课程"。这也是辽宁省博物馆逐步恢复教育活动后，志愿者举办的首场送课进校园活动。2020 年 9 月 28 日，辽宁省博物馆与北京科技大学科技史与文化遗产研究院签署战略合作框架协议，双方在强强联合、优势互补、产学研相结合的原则下，建立多元化、宽领域、深层次、高水平战略合作伙伴关系。同日，以战略合作为基础，由双方共同构建的合作研究平台——"古代矿冶遗址与金属文物保护国家文物局重点科研基地"工作站和"北京科技大学科技史与文化遗产研究院大学生实习基地"正式落地挂牌。

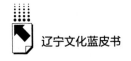

2021年5月14日，沈阳"九·一八"历史博物馆党史宣讲团走进东北育才超常教育实验部，以"忆百年征程·守初心使命"为题，向大家讲述中国共产党百年砥砺奋进的伟大历程。为深入贯彻落实习近平总书记关于革命文物、少年儿童和少先队工作的重要论述，强化革命文物教育功能、加强少先队员政治启蒙和价值观塑造，沈阳"九·一八"历史博物馆启动"党的故事我来讲——争做红领巾讲解员"实践体验活动。

按照中共中央宣传部、辽宁省委宣传部2020年元旦春节期间广泛开展"我们的中国梦"——文化进万家活动的通知要求，辽宁省博物馆努力开展惠民、为民、乐民的文化服务项目，组织开展各类群众性文化活动。1月7日，辽宁省博物馆文化小分队首站来到了东港市前阳镇石桥岗小学，为该校三年级的学生们带来了生动有趣的互动体验课。11月13日，沈阳"九·一八"历史博物馆抗战研学之旅陕西行来到了红色革命圣地延安，并联合延安革命纪念馆共同走进有深厚文化底蕴的延安大学附属小学，开展了"传递历史温度·爱上这片热土"红色故事进校园主题研学活动。活动上，沈阳"九·一八"历史博物馆研学宣讲团为同学们带来了研学课程"走进918走进抗战文化"，通过观看博物馆宣传片、红色故事宣讲、聆听文物背后的声音、英雄我想对您说诗朗诵、抗战舞台剧、有奖互动问答、齐唱国歌等形式，将历史搬到课堂，不仅加深了学生对英雄的认知，而且让他们充分了解了中华民族14年艰苦卓绝的抗战历史。

12月1日，由沈阳博物院主办、沈阳市文物考古研究所承办的"维沈之阳　福地呈祥"沈阳考古成果巡展走进美中育才学校。此次展览充分体现了沈阳地区在历史上的重要性，其中许多震惊学界的考古成果，对于架构中国历史具有重要价值。除此之外，展览还介绍了考古法律法规对城市历史的保护、考古勘探前置对城市建设的助力、公共考古活动对城市文明的推动、考古科研成果对城市文脉的延伸等精彩内容。

2020年新乐遗址博物馆加入共青团辽宁省委员会的"情暖童心"——关爱保护农村留守儿童及困境儿童项目，并参加了共青团开展的"红领巾快乐成长站"建站活动。2月17日，新乐遗址博物馆积极响应共青团辽宁省委的号召，将"流动博物馆在冬季特别行动"带进了辽宁省光明学校。①

2020年1月6日上午东北大学与雷锋学院、雷锋纪念馆战略合作框架协议签约仪式在雷锋纪念馆举行。东北大学与雷锋学院、雷锋纪念馆战略合作框架协议签约暨党员干部教育培训基地揭牌是贯彻落实习近平总书记参观雷锋纪念馆重要讲话精神的重大举措，也开启了东北大学与雷锋学院、雷锋纪念馆加强校院、校馆联合，实现合作共赢，弘扬雷锋精神的新篇章。基地的落成搭建了双方充分发挥各自优势、共同发展、共同提高、资源互补的桥梁，未来几年内双方将本着学科和业务建设上的优势互补，促进文化和理念的交融，相继开展一系列科研选题、学术交流、宣传文化项目的合作，并根据实践情况进一步拓宽渠道、深化合作，使雷锋文化内涵为高校教育培养服务，利用高校科研力量提高雷锋精神研究深度、丰富雷锋文化展现形式，为建设全国雷锋文化高地提供智力支持，为抚顺经济转型振兴贡献精神力量。2020年5月27日，雷锋纪念馆新时代公益宣讲巡展走进沈阳工学院，与该校师生共同开展"听雷锋故事　学雷锋精神　做雷锋传人"主题教育活动。2020年7月，雷锋纪念馆与沈阳工学院共建抚顺市雷锋纪念馆沈阳工学院展馆暨沈阳工学院雷锋精神育人基地。2020年11月，雷锋纪念馆被少先队辽宁省工作委员会授予首批"辽宁省少先队校外活动实践基地"。同年11月18日下午，时任抚顺团市委书记王新伟一行来到雷锋纪念馆，为纪念馆授牌。11月29日上午，由抚顺市文化旅游发展促进中心、鲁迅文化基金会沈阳文化工作委员会主办，雷锋纪念馆等单位承办的"举旗帜、学雷锋、育新人、兴文化"辽宁中小学生鲁迅文化交流展演活动之"弘扬雷锋精神，传承红色基因，非遗篆刻展演走进雷锋纪念馆"在雷锋纪念馆举行。

（七）宣传文博文化，打造文创品牌

为了进一步贯彻落实习近平总书记对文物工作的重要指示，让文物

---

① 辽宁省光明学校是目前国内学生数量最多的孤儿学校，既是社会福利机构，又是一所特殊的学校，小学部就有300多名学生在读。

"活起来"，沈阳市深度推进文化旅游融合发展，实施"文化+""旅游+"战略。沈阳故宫博物院大力发展文化创意产业，院直属各博物馆依托本馆特色，开发设计了1500余款具有沈阳文化特色的文创产品。故宫文创的雍容华贵，帅府文创的趣致多姿，"九·一八"历史博物馆文创的庄重大气……每一件文创产品都融入现代社会的方方面面，装点普罗大众的日常生活。2020年7月18日"盛京礼物网络发布会暨直播带货"活动在沈阳故宫凤凰楼举行。沈阳市文化旅游和广播电视局党组书记、局长关荣晖携沈阳四大博物馆馆长联袂向全网推介盛京礼物。代表清文化的沈阳故宫、代表民国文化的张氏帅府、代表抗战文化的沈阳"九·一八"历史博物馆，以及代表红色文化的中共满洲省委旧址纪念馆，都派出了最具特色的盛京礼物。人民日报客户端直播大厅、淘宝直播、微博、抖音、腾讯全媒体展示盛京礼物。

2020年4月29日，沈阳地铁十号线一期工程开通运营。辽宁省博物馆以此为契机，携手沈阳地铁集团有限公司积极开展公益宣传，80余件馆藏珍贵文物以图片的形式亮相地铁站内灯箱。为了丰富广大市民的地铁出行体验，展现辽宁的历史文化风采，辽宁省博物馆从书法、绘画、缂丝、陶瓷、青铜器等门类众多的藏品中精选最具特色和代表性的文物，根据地铁站内的实际情况和展示需求，最终确定了82块灯箱挂图的内容。乘客在沈阳地铁十号线开通首日，即可在向工街站和江东街站，欣赏到这些与众不同的灯箱挂图。2019年，辽宁省博物馆常规展览的展品图片就曾在沈阳地铁九号线的站内灯箱上出现，受到了广大乘客的欢迎和喜爱。此次辽宁省博物馆与沈阳地铁集团有限公司再度合作，以这种喜闻乐见的展示形式，让博物馆文化走进地铁、走近大众。

2021年各家博物馆都打造自家博物馆馆藏文物同款雪糕，沈阳各大博物馆也打造自家经典文物造型雪糕，除此之外，其他馆藏文物所连带的文创产品也受到了广大群众的一致好评。如张氏帅府博物馆2021年5月1日至5月5日文创收入达49387.1元，同比增长2834%，较2019年增长28%。2020年11月努尔哈赤寝宫——汗王宫"动画大片"震撼发布。

2020年12月25日至29日，第五届吉林国际冰雪产业博览会在长春国际会展中心举行。本届博览会共设七大展馆，其中六号馆为冬季文博创意产业主题馆，故宫博物院、上海博物馆、南京博物院、陕西历史博物馆、湖南省博物馆、浙江省博物馆、辽宁省博物馆、山西博物院、吉林省博物院等80家文博单位携旗下文创产品参展，辽宁省博物馆此次受邀参展助力展现东北这片热土的文化发展与独特魅力。辽宁省博物馆带来了包括国宝系列、瑞鹤图系列、唐宋八大家主题文物系列在内的200余件文创产品，兼顾实用性与收藏性，可以充分满足不同消费者的需求。沈阳故宫博物院携建筑系列、八旗系列、永福系列等独具文化内涵的盛京礼物参展。

2020年12月，博物馆护照正式在张氏帅府（金融）博物馆发行，实现一本护照打卡70余家博物馆。每一本博物馆参观护照都有一个独一无二的条形码，这确保了此参观护照的唯一性和珍藏价值。其中张氏帅府（金融）博物馆选用帅府标志性建筑——恢宏大气的大青楼作为盖章图案。游客通过微信小程序激活护照之后，可以在该平台上浏览全国各大博物馆的文创商品，在指定博物馆文创柜台购买商品还能享受5%~10%折扣。此外，凭借积分还可以兑换商品、门票或者参与会员活动。2020年11月，张氏帅府富锶砾骨水和少帅主题系列酒品正式上线，水的包装上有大青楼的缩影，少帅主题系列酒品酒瓶身背面刻有"少帅爱国，我爱少帅"的字样以歌颂少帅张学良将军在西安事变中为我国做出的巨大贡献。在帅府二进院三进院的墙裙下有很多的砚石雕，其中最有名的"马上封侯"石雕被形象化、Q版化，做成的书签、冰箱贴和瓶起子已正式上线。

雷锋纪念馆在2020年编辑出版《雷锋日记：汉英对照》一书，将《雷锋日记》手迹影印件辅之印刷体的形式展示给读者，并配有英文翻译，图文并茂，让广大读者体会雷锋日记的真实性，了解雷锋成长的心路历程，更深层次地感悟雷锋思想。

2020年12月22日，中国工业博物馆主题纪念卡发售"记忆·敬畏·传承"盛京通特别定制工业主题系列纪念卡。这套纪念卡为全国交通一卡通卡，除在沈阳市内公共交通可使用外，还可在全国280余个互联互通城市指定公共交通路线使用。

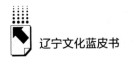

二 辽宁文物博物馆事业公共文化服务
进一步发展的对策建议

（一）坚持党的领导

辽宁文物博物馆事业公共文化服务的进一步发展要以习近平新时代中国特色社会主义思想为指导，坚持以人民为中心，坚持守正创新，坚持创造性转化和创新性发展，秉承新发展理念，将博物馆事业主动融入国家经济社会发展大局；加强考古成果和历史研究成果的转化与传播，为坚定文化自信、传承中华文明、推动中国特色社会主义文化繁荣发展、满足人民美好生活需要、建设社会主义文化强国、实现"两个一百年"奋斗目标和中华民族伟大复兴中国梦做出积极贡献。

（二）优化征藏体系

树立专业化收藏理念，加强党史、新中国史、改革开放史、社会主义发展史相关藏品征集，注重旧城改造、城乡建设等反映经济社会发展变迁物证的征藏，鼓励反映世界多元文化的收藏新方向。拓展藏品入藏渠道，健全考古出土文物和执法部门罚没文物移交工作机制，适时开展文物移交专项行动，鼓励公众向博物馆无偿捐赠藏品。

（三）提升保护能力

健全博物馆藏品登录机制，推进藏品档案信息化标准化建设，逐步推广藏品电子标识。实施馆藏珍贵濒危文物、材质脆弱文物保护修复计划。强化预防性保护，提升藏品保存环境监测、微环境控制、分析检测等能力，完善博物馆安全消防制度建设和设施配备，鼓励各地因地制宜加强文物中心库房建设。加快推进藏品数字化，完善藏品数据库，加大基础信息开放力度。

（四）强化科技支撑

加强对藏品当代价值的挖掘阐发，促进研究成果及时转化为展览、教育资源。大力发展智慧博物馆，以业务需求为核心、以现代科学技术为支撑，逐步实现智慧服务、智慧保护、智慧管理。推动研究型博物馆建设，推动符合条件的博物馆从业人员享受科技创新扶持政策。深化与高等院校、科研院所合作，鼓励建立联合实验室、科研工作站和技术创新联席机制，"博学研"协同开展文物保护利用科学研究与成果示范，将支持博物馆发展的共性关键技术研究纳入各类国家科技计划予以重点支持。

（五）发挥教育功能

落实《新时代爱国主义教育实施纲要》《新时代公民道德建设实施纲要》要求，广泛深入开展博物馆里过传统节日、纪念日活动，加强对中华文明的研究阐发、教育普及和传承弘扬，加强爱国主义教育和革命传统教育，培育人民文化生活新风尚。制定博物馆教育服务标准，为大中小学生利用博物馆学习提供有力支撑，共建教育项目库，推动各类博物馆数字资源接入国家数字教育资源公共服务体系。支持博物馆参与学生研学实践活动，促使博物馆成为学生研学实践的重要载体。

（六）优化传播服务

推进博物馆大数据体系建设，主动对接国家文化大数据体系建设，标注、解构和重构藏品蕴含的中华元素和标识，将其切实融入内容生产，充分发挥博物馆在文旅融合发展、促进文化消费中的作用。推动博物馆文化扶贫，增加展览、教育活动进乡村频次。深化博物馆与社区合作，推动博物馆虚拟展览进入城市公共空间，服务15分钟城市生活圈。加强与融媒体、数字文化企业合作，创新数字文化产品和服务，大力发展博物馆云展览、云教育，构建线上线下相融合的博物馆传播体系。强化观众调查，推广分众传播，优化参观全过程服务。

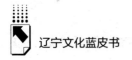
（七）增进国际合作

实施中华文明展示工程，深入挖掘中华优秀传统文化精髓，弘扬中华文化蕴含的人类共同价值，打造一批"中国故事、国际表达"的文物外展品牌。实施世界文明展示工程，通过长期借展、互换展览、多地巡展等方式，共享人类文明发展成果。加强青年策展人培养，造就一支政治过硬、功底扎实、与国际接轨的博物馆策展人队伍。支持中国专家学者参加国际博物馆组织，积极参与博物馆国际治理。

（八）完善管理体制

推进博物馆法及配套法规体系立法研究，完善博物馆制度，推进博物馆治理体系和治理能力现代化。深化博物馆领域"放管服"改革，赋予博物馆更大的自主权。分类推进国有博物馆、非国有博物馆理事会制度建设，建立健全权责对等、运转协调的决策执行或监督咨询机制。深化人事制度改革，切实增强博物馆干部人事管理、岗位设置等自主权。部分符合条件的新建博物馆，在不改变藏品权属、确保安全的前提下，经批准可以探索开展国有博物馆资产所有权、藏品归属权、开放运营权分置改革试点，提升博物馆公共服务效能。

（九）鼓励社会参与

发展壮大博物馆之友和志愿者队伍，构建参与广泛、形式多样、管理规范的社会动员机制。推动博物馆公共服务市场化改革，引入竞争机制，鼓励社会力量参与展览、教育和文创开发。实施"博物馆＋"战略，促进博物馆与教育、科技、旅游、商业、传媒、设计等跨界融合。

（十）加强队伍建设

健全博物馆人才激励机制，按照国家有关规定进行表彰奖励，加强博物馆管理人才、专业人才、研究人才、创新型人才培育，为人才发展营造良好的制度环境。加强国家文博领域高水平创新团队建设，培育跨领域、跨学科创新团队。拓宽人才汇集机制，支持博物馆设立流动岗，吸引相关专业技术人员兼职。加大博物馆专业人才引进力度，提高队伍专业化水平。推进文博行业相关职业资格制度建设。强化人才培训，根据不同岗位要求开展分级分类培训，提高队伍整体素质能力。

（十一）加强监督管理

通过日常巡查、"双随机一公开"检查、备案管理等方式，加强文物保护、陈列展览等事项事中事后监管。建立健全绩效考评、专业评价和第三方评估相结合的博物馆考评监督机制，加强评估结果运用。加强博物馆行业协会建设，促进行业自律。建立博物馆年报制度和信用体系，主动接受社会监督。

参考文献

《博物馆学概论》编写组编《博物馆学概论》，高等教育出版社，2019。
杨瑾：《博物馆研究入门》，科学出版社，2019。
《文物学概论》编写组编《文物学概论》，高等教育出版社，2019。

文化产业篇
Cultural Industry

B.5
辽宁文化产业发展报告

李松石*

摘　要： 怎样于新的时期推动文化产业建设，促使其焕发新的活力，俨然
成为当下研究的热门，也是各省级地区积极响应的发展着重点。
辽宁省在文化产业发展中的探索具有一定的典型性和参考意义。
本报告对辽宁当地文化产业客观情况、成就进行研判，总结成功
经验的同时，对辽宁省文化产业不能跻身第一梯队的原因进行了
深度分析，从政府视角和从业人员两方面提出了切实可行的发展
策略。

关键词： 文化产业　"文化 +"　辽宁

　　党的十九届五中全会审议通过了《中共中央关于制定国民经济和社会

---

* 李松石，鲁迅美术学院副教授，研究方向为文化产业及中国古代文学。

发展第十四个五年规划和二〇三五年远景目标的的建议》，其中强调文化事业以及文化产业共同构成了构架文化软实力的基础，并提出至 2035 年将要实现文化强国这一目标。近些年来，文化产业在体制机制创新和科学技术创新双轮驱动下取得长足发展，总体规模持续扩张，新型业态不断涌现，文化产品和服务日新月异，促使文化软实力全面提高，民众文化获得感切实提升，从而赋予了"十四五"时期文化产业高质量发展更加坚实的基础和更为广阔的空间。怎样于新的时期推动文化产业建设，促使其焕发新的活力，俨然成为当下研究的热门，也是各省级地区积极响应的发展着重点。辽宁省在文化产业发展中的探索具有一定的典型性和参考意义。

一 辽宁文化产业发展现状

（一）辽宁文化产业发展在全国的位置

近几年来，我国文化产业发展成绩卓越。从最开始的国资独大局面到当下的百家争鸣格局，从之前的野蛮扩张到当下的自成一派，最终建立了具有我国特色的发展模式。总体而言，国内文化产业建设特质大致包含下述几个方面。首先，规模高速扩张；其次，质量稳步提升；最后，前沿科技以及新形式的加持。文化产业高品质的国产 IP 越来越多，产品的附加属性也有了极大的增强，产业架构得以完善，继而连带着整个产业体量以及品质都有了明显提升。对于传统的出版、影视、音乐等行业来说，新技术、新应用提供了新的发展空间，行业获得新增长点。与此同时，"文化＋技术"模式也催生了更多史无前例的文化产业新业态，推动着整个文化产业的发展与转型。

辽宁自始至终将文化产业建设视作加速产业升级、推动经济发展的先导工作，并积极落实，文化产业发展态势较好。当地的文化产业处在进步以及发展中，疫情期间更是积极应对疫情问题，颁布了多个专项制度，肯定重点项目的引导价值，通过产业集聚区推动和市场培养等手段，逐步引导企业复工复产，并且促使文化消费产业更快恢复，文化企业维系稳定发展状态，整个文化产业也彰显了强大的韧性。但很显然，并没有明显地和全国文化产业发展的新趋势同步，比如，仍然保留国营和传统企业独大的局面，尚未达到精耕细作的程度，粗放型发展和偶然式探索模式居多。在5G成为大势所趋的当下，全国一线城市"文化＋"模式如雨后春笋，蓬勃发展，然而辽宁省却并未实现文化产业发展的众多新模式，依然把思维局限在"实体空间＋文化形式"的传统模式，并未实现实质性的突破。因此，有必要将辽宁文化产业发展的相关数据，与其他可参考城市进行对比，以达到寻找差距、找出特色、发现机遇的目的。

2018年，辽宁文化及相关产业法人机构、从业者、资产数量总计分别达到4.4万、31.6万以及2971亿；而北京当地这几项数据分别为0.39万、54.14万以及1.39万亿。再比较深圳的数据：当地这几项指标的详细数据为0.23万、51.94万以及1.44万亿。又以四川为例，同年当地这几项指标的详细数据为7.41万、72.34万以及8398.86亿。

以上数据可以看出，辽宁文化产业法人机构在数量上，虽然并不低于一线城市，但从业者数量大打折扣，创造的经济财富也难以望其项背。总体而言，东部、中部和西部文化产业的大致发展分别处在领先、追赶以及快跑的阶段。而对比相对领先的东部副省级城市，中西部的武汉以及成都这两个城市也表现出了不俗的实力，一些领域更是存在超前表现。这也很好地说明了文化产业建设并不受地域的绝对限制，无论是东部、中部还是西部城市，都有跻身全国第一梯队的可能。除了在整体规模上看到差距之外，还有一个现象需要注意，那就是辽宁全省的文化产业数据，几乎是靠大连和沈阳两个"顶梁柱"完成的——沈阳和大连两个副省级城市当地规上文化企业数目达到该省总数的6.94%，从业者占比更是达到80.54%，资产以及效益体量占比分别达到71.09%以及83.87%。副省级城市的文化产业规模较大，对该城市而言为成绩表现，但对当地整体而言，也反映了发展不平衡、不充分等问题，东北、中部以及东部等地区均存在着类似的问题。副省级城市独当一面的现象，既是优势，也是问题，保持敏感、保存优势、共同探索，是面对文化产业新时期的工作需要做好的准备。

（二）辽宁文化产业发展成就和特色

当地文化产业历经数十年的洗礼，在多个方面取得了不俗的成绩。2019年，当地职能部门公布了《关于推动全省文化产业高质量发展的若干意见》，更是将文化产业视作独立的专题领域。当地在财政配置方面更是针对文化产业预留了1亿元的专项资金，用于推动当地文化产业建设，可谓极其重视文化产业的发展。

在这种政策背景下，辽宁文化产业迎来优越的发展环境，深研自身特色，探索出了一条区域特色鲜明的文化产业崛起之路，包括以下几方面。第一，文化产业已然初步形成，辽宁省的文艺、传统媒体、旅游产业等均位居国内前列。第二，辽宁文化企事业单位改革成效显著。为优化了资源配置，增强市场竞争力，辽宁新闻出版业实行国有企业战略改组，实行政企分开，转变职能，建立现代企业制度。第三，已然初步建立了特色的文化产业，包括小品、评剧以及二人转等极具东北特色以及标识性的文化。第四，辽宁有得天独厚的文化资源，包括汉、唐等多个朝代的宝贵历史文化遗产，典型的包括关外三陵以及沈阳故宫等。此外，当地也有诸多具有标识性的文化配套，包括歌剧院以及博物馆等。

有几个模式和典型具有更大的发展潜力。辽宁具有有鲜明特色的文化底蕴和城市风情，正如闲适的漫步文化之于成都、诗意的江南文化之于杭州、热辣的火炉文化之于武汉。无论是从幽默豪爽的东北气质，还是便宜大碗的东北美食、逗趣搞笑的辽宁小品、丰富多彩的历史文化遗迹，都可以成为辽宁必打卡的几大特色。

除了深挖独具风格的东北特色，辽宁也可以开阔视野，放眼全国，迎接全国可复制可与地方文化融合的文旅项目、文化产业园区模式落地，利用其成熟的开发模式和产业运营经验带动本土现有资源的开发和运营。

（三）辽宁文化产业取得进步的经验总结

通过以上两部分的介绍，可以得出结论，辽宁文化产业虽然不足以跻身

第一梯队，但地域特色明显，发展潜力巨大，取得的成绩不容忽视。只有在经验复盘中，全面总结获得这些成绩的原因，才能在日后的发展中继续发扬优秀的方案，发挥长板，弥补短板，为新时代的文化产业振兴做出充分的积累和准备。

1. 在政策方面给予足够的支持

第一，辽宁以奖代补支持文化产业发展。促进发展，资金先行，自2020年至今，当地财政部门每年均会统一留出部分资金，推动创新建设和发展，通过以奖代补以及贷款贴息等渠道推动文化产业建设。

第二，高新技术文化企业减按15%税率征收所得税。对文化产业支持技术等方面的有关企业，当地依据规定将其判定为高新技术产业，则依据15%的税率收取企业所得税。

第三，财政安排文化产业发展专项资金。为推动当地文化产业建设，这些年，当地财政部门更是会逐年留出专项资金用于文化产业方面。

2. 队伍建设方面起步较早

早在2015年，辽宁就已开始注重文化产业人才的培养、引进，以及团队构建，结合引荐以及海外文化建设与完善以及我国部分领先地区文化产业人才方面的建设经验，切实提升当地文化产业专业人才建设水平。

首先，依托高校资源，加强人才培养。专业的文化产业人才培养体制，为推动文化创意产业人才梯队发展的关键基础。除专业的正规院校外，还为产业从业者提供系统性的培训，给予文化人才海外培训和发展机会，为专业人才提供更为全面的、开放的文化环境促使其提升。

其次，注重人才引进，提升人才队伍层次。人才引进同样为文化产业人才发展工作的重要组成部分，完善人才体制以及方案，更为主动地招揽海内外优秀人才，为其提供优渥的待遇以及较好的发展前景，从而更多地吸引文化产业人才并发挥其效用。

再次，建立激励机制，鼓励多出成果。设置专业人才专项基金，结合完善人才评估机制、资质考评体系以及激励措施，更好地支持专业人才、高素养人才以及特殊人才的引进，培育并实现成果转化，给予高端人才奖励和产学研等方面人才建设资金支持，切实彰显人才价值，统筹人才资源，激发其创造性潜能。

最后，加大人才投入，提供资金保障。加大职能部门人才建设投入，支持并引导社会、人才和企业等投入；此外，加强人才资金的使用监管，保障各项费用落实到位，专款专用，为整个人才梯队的建设以及发展给予全面可靠的资金支持。

二　辽宁文化产业发展存在的问题

（一）文化产业结构还停留在比较基础、野蛮生长的状态

首先，组织化、规模化程度较低，整体发展水平不高。虽然组建了一些文化产业机构、扶持了一些企业，在资产合并上迈出了第一步，但在规模、技术、经营、成熟度等方面仍无法与第一梯队的产业发展水平相比较。

其次，缺乏文化产业的跨界型精英人才。发展文化产业，不仅需要大量的内容创作型人才，大批既懂文化又懂经营的运营型人才，而且需要大批具有创新意识的技术人才。辽宁不仅缺乏这些人才，而且面临着人才流失的严重问题。文化发展日新月异，如果不能保持前瞻性，高校培养的人才仍然会有滞后性和对时代的不适应。文化产业人才不仅仅是文化专项人才，更是在文化和各领域包括科技、金融等之前认为不相关领域之间的跨界人才。

再次，文化产业投入不高。在该领域的投入有所提高，但远未达到要求，投资渠道也相对较窄，缺乏多样性。

最后，体制问题突出。第一，文化产业有关企业以及机构有多方面的资源以及市场尚处在条块分割状态，资源过度浪费情况普遍存在；第二，职能部门在文化事业单位方面的管控没有摒除旧制度以及旧办法，符合市场经济发展规律以及要求等的管控机制没有完全形成；第三，部分适宜商业化运营的文化事业机构，缺少市场经营思维。

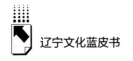

（二）文化资源保护和开发力度不够，开发模式单一，尚未形成 IP

《2018 年中国文化 IP 产业发展报告》对文化 IP 进行了解读和完善表示一类文化创意产品等的融洽联系，具备一定的辨识性、自带流量以及较好变现效果、长变现周期的文化标志。北京故宫博物院从 2013 年开始深入加强了文化 IP 建设，推出的"韩熙载夜宴图"更是斩获年度最佳 App，"每日故宫"获年度优秀 App 等。此外，还和腾讯等企业联合开发了多款表情包，第一个月下载量就达到的 4000 多万；和央视共同推出了《国家宝藏》等多部优秀节目，点击量超过亿次，其文化创意产品在 2017 年总销量就超过了15 亿，远远超越了 A 股 1500 多家上市企业。

故宫博物院院长单霁翔更是指出，以往青年游客群体占总量的三成左右，而该数据这些年被进一步提高至七成，此前八成游客前往故宫并不看展，而当下八成的游客开始看展，这些情况均很好地反映了文化 IP 打造不管是对文化保护层面，还是对其深度开发层面都有绝对的推动效果，同时也是对文化产业建设和发展、产业融合等的极大推进。不难想象，文化 IP 建设，可以更好地提升辨识性、自带流量，焕发文化新活力，将地方文化资源打造成城市对外的重要窗口，开发以及保护当地文化和华夏文化，推动文旅融合建设，推动产业发展，扩大地区经济效益，传播优秀民族文化，提高文化自觉性、坚定文化自信，切实提高文化软实力。

当下，当地文化创意产品建设并不理想。以沈阳故宫为例，其文化创意产品品质并不高，更不必说地方特质；结合调研反馈，文化创意产品建设存在的主要问题为文化 IP 的辨识性不高、文化元素和地方特色的提炼不够、产品高度同质化等。于文化 IP 背景下再度审视当地文化建设和发展客观实际，以文化资源为基础，持续性地获取文化内容，形成 IP 形象，结合设计并把抽象、高冷的文化转化为有形、切合的文化创意产品，结合前沿的营销机制以及宣传渠道推动文化资源和生活紧密联系，更好地满足民众对于文化消费的各方面诉求，这也是对地方文化资源创造性的重要保护，是推动社会主义发展大环境下提高地方文化自觉以及坚定文化自信的重要体现。

（三）缺少文化产业新物种，缺少"文化＋"等新业态的探索

产品为文化 IP 的重要承载，以地方文化资源为基础打造个性化 IP 从而开展文化创意产品设计可以切实应对上述情况。目前，全省的居民消费还停留在衣食住行等基本生活消费上，文化消费并未走入大众消费的视野，并非因为居民的经济条件没有提高，而是由于市面上甚少出现吸引消费者的文化创意产品。文化创意产品应有鲜明的文化特质以及艺术内涵，大致包含生活用品、学习和办公用具等。文化创意产品载体可结合文化资源的特质、地方受众爱好等予以抉择，同时也可和有关名品联合，从而提高热度和知名度，和多个领域实现融合，实现跨界合作，并借此扩大覆盖范围，同时始终和社会热点保持协同，掌握当下消费市场的切实诉求。生活之中的任意必需品均可变成文化 IP 的重要承载。

一旦打开思路，有了跨界仪式，开启"文化＋"的思考方式，广开言路，全省文创品类、品质和衍生的一系列文化经济活动，以及灵感和创意都会纷至沓来，定会为日后的文化产业发展提供不少成本合理、潜力巨大的可行性思路。

三　辽宁文化产业出现瓶颈的原因分析

（一）产业结构、市场机制不合理

近几年文化产业蓬勃发展，文化产业有关企业也会迎来新的调整与发展。时下，文化产业包含的大类、中类以及小类分别达到 9 个、24 个以及80 个，同时均有代表性企业。在大类之中，设计开发有我国元素、文化内涵的，可以对全球相关行业形成深远影响的文化产业群，形成以市场为核心的企业经营机制，对此前国营经济发展模式予以优化，加强品牌建设，是文化产业突破创新的总方向。扩大发展、增强实力为当下应对激烈市场竞争的有效方式，《关于深化文化体制改革的若干意见》强调，应当着重培养并支

持具有实力基础以及竞争性较强的有深远影响的企业和集团发展，支持国企以及企业集团实现跨区域的兼并融合，支持其同各区域媒体下属经营性企业交叉参股。这也对下一阶段的产业建设提供了重要政策基础。而全省"个转企、小升规、规升巨"工作开展尚不充分，所以，随后应落实文化主管机构权责表单机制，对文化行政审批事宜以及流程进行删繁就简处理。于国家支持情况下，倡导和激励民营企业加入关键文化项目建设和谋划之中，使其加入文化类国企改革之中，将成为行政改革的重中之重。

（二）跨界型和实战型人才缺乏

新时期的文化产业需要的人才有一定的特殊性。这类人才并不是靠学校培养，或者论资排辈，而是一些新兴行业的技术人才和一些有创新思维和时代嗅觉的创意人才。众所周知，走在前沿的文化产业发展模式，离不开网络、大数据以及前沿科技等与文化产业的深层次融合。应当培养创意设计、数字出版等前沿产业，等待它们进入广播影视、工艺美术等传统行业，体现其价值，还需要很长一段时间的预备和探索。所以，向第一梯队的省份虚心请教，多观摩学习，引入以及培养兼具管理、经营以及专业素养的复合型人才以及团队为当下的迫切诉求。

（三）视野没打开，缺乏创新意识和趋势前瞻性

由于整体受既有经验的局限，传统产业在有市场竞争性的创意设计方面，无法有效地从主业之中脱离开来自主发展。新时代的文化产业是综合产业，需要文化创意牵头，制造业、旅游业、出版业、建筑业、会展业等强强联合、携手开发，产业间合作力度加大是必然趋势。传统产业也会由此朝着新的产业发展，不同产业彼此交融，尤其是金融和产业两方面的融合，设备生产制造、软件设计等产业的融合，均为往后数年我国文化产业发展趋势和重要内容。来自社会的资本会以多种方式、多类路径进入国内文化产业核心部分，以金融资本为核心的多类资本形态会进入国内文化市场参与角逐，对国内文化产业形成影响，势必会变成未来影响我国传媒行业发展态势的重要

组成部分，文化产业投资主体多样化政策更是会深度引领社会资本进入和文化有关的各个产业之中，比如旅游、咨询等领域。此类产业资本架构的深度改变则会为文化产业的各个产品和后续产品的开发等提供巨大的发展空间，文化产业的这些领域势必会步入高速增长阶段。所以，全省文化产业从业人员，不仅仅要"走出去"多多分析和借鉴优秀的文化产业开发成果，更要采取一定举措，吸引文化企业、引进中国500强企业来辽投资，借助其带动全省文化传统行业与之跨界合作，为全省的文化产业贡献力量。

四　促进辽宁文化产业发展的对策

（一）政府方面

2019年6月27日，辽宁省公开了《关于推动全省文化产业高质量发展的若干意见》，对于深度推动当地文化产业建设提出了下述观点。

1. 优化政策

第一，加大财政扶持力度，彰显财政重要价值。2019年起，省财政方面会预留专项资金，用于推动创新建设，提高以奖代补以及贷款贴息，推动文化产业全面发展。各个地方需要结合客观情况，统筹财政开支并且科学引导当地文化产业建设。支持各地灵活推进PPP模式等，吸纳更多的社会资本加入文化基础设施建设之中。加强财政监督管理以及效果评价，提升资金使用有效性。

第二，支持重点行业创新发展。推动云计算、互联网等多项前沿科技与文化产业的融合，推动数字出版等新兴产业的建设与发展，加强工艺美术、娱乐演艺等传统产业改革与发展。对社会以及经济有重要意义的、特色化产业，依据有关标准和要求给予支持。支持将传统产业内有市场影响的创意设计元素，与主业分离开来自主发展。在达到主业发展要求的情况下给予市场化支持，切实补足创意设计服务短板，对于效益较好的企业，依据要求和政策给予支持和必要的帮助。

第三，支持重点企业做强做优做大。支持满足要求的文化企业重组融合，培养文化产业方面的重要投资者。在国家允许的范畴内，倡导以及引领社会资本以多类形态推动文化产业建设。支持文化和科技深入发展，实现文化企业、产业等的转型发展，不断地丰富新兴文化业态。支持地域文化属性强、资源丰富以及潜能巨大的企业加强特色产业建设。支持重点项目建设，尤其加强内容创新、云计算以及物联网等的发展和融合应用。对前来投资、体量较大且有重要社会和经济效益的企业，需要依据规章政策等给予必要的帮助和资金支持等。

第四，支持重点园区（基地）建设、发展。提高当前各个文化产业园的基建品质，优化管理制度以及经营机制，推动文化产业园公共服务系统发展，完善基础配套，招揽更多的外来企业进驻，形成产业集群。支持面向小微企业以及创业队伍搭建众创空间以及孵化器。支持引入特色化产业集群。对于省级文化产业示范区等，依据要求给予一次性补偿。支持争做国家级文化产业示范区，对于获评的，也依据要求给予一次性补偿。

第五，政策倾斜不能只针对 B 端，也要注意 C 端。要重视自媒体、新媒体博主在消费引领和生活方式引导方面的意见领袖作用，鼓励和支持博主孵化公司、新媒体内容公司，在内容偏好上，鼓励文化博主、文化 IP 的发展，从而对大众文化消费、有文化品位的生活方式起到潜移默化的作用。此外，政府在鼓励大众消费，以消费刺激经济的策略中，可考虑发放购书消费券，文化主题旅游、聚会、看展等补贴，以鼓励和培养居民在文化领域的消费习惯；多开展文化类的公益活动，鼓励以读书、朗诵、老年大学等形式丰富居民的娱乐消闲形式。

2. 创造环境

第一，优化文化市场环境。完善文化主管机构权责表单机制，对审批流程和事宜删繁就简，在国家许可的范畴中，支持以及引导民营文化企业加入重要项目的发展以及产业园区建设之中，加入国有文化企业改革之中。切实实现规上企业项目管家机制，一对一地跟踪以及配合处理企业发展存在的瓶颈问题。创新文化市场监督机制，提高文化市场执法效力，加强文化产业产权建设以及服务支持，依法惩处侵权现象。

第二，优化文化交流合作环境。支持和推动当地相关企业加入"一带一路"建设，关注地区特色，加强对外协作、互动，推动文化产品以及服务出口，不断的扩增文化贸易往来。针对国家文化出口的重要企业以及项目，依据制度给予必要的支持。提倡各地结合地方特色发展，传承和弘扬文化，多元化吸纳资金，推动项目落地，对业绩较好的区域以及企业，结合规定给予支持。支持有基础的地区竞争国家文化出口基地。

第三，优化文化消费环境。支持文化消费和其他消费的融合，推动文化消费新升级。提高文化消费基础设施建设投入，健全职能部门投入机制，完善社会力量以及社会资本参与机制，推动多层次多文化的消费设施建设。支持各地结合职能部门采购、消费补助等形式加强文化消费。

3. 培养和引进复合型人才

支持地方院校设置文化产业对应的专业，支持院校以及培训单位和文化企业等形成合力，搭建人才教育培训基地以及就业实践平台等。改善人才培养环境，完善创业支持政策体系。健全人才培育、流动管理以及激励体制，引入和培养兼具管理、创新、经营等多方面实力的复合人才以及团队。支持人才去企业进行科技成果转换，支持有一定基础的文化企业以股权激励、技术入股等多元化方式激励人才。

4. 重视科技的加持和"技术＋文化"的创新

数字技术会迎来更为深入的发展，也必将会变成提高文化产业综合水平的关键力量。包括数字电视、宽带联入以及视讯点播等文化产业会成为未来的发展主流，传统文化产业占比过高的情况会于文化产业架构数字化水平提高过程中实现本质的转变。数字化，尤其是数字电视的发展当前遭遇一定的瓶颈，而此类问题和整体的全球数字化建设放缓、国内当下制度问题有必要的联系，而作为前沿的传播技术形式，数字化已然成为未来的重要方向，基于国家数字基建方面的持续投入，数字化也必定会迎来飞跃式、跨步发展。

5. 适当"走出去"

"走出去"将不再停留在口号方面，而会有更多的实践支持。"走出去"并非单纯的经济发展策略，也是文化发展的战略形式。完善和践行文化和文化产业的"走出去"战略，加强"引进来"和"走出去"的高度融合，也是当下国内文化产业建设的重要战略规划。因为文化建设与国民经济发展以及社会建设等有密切联系，在国家文化安全层面更是有特殊意义，这也致使"走出去"不仅仅兼具经济层面的活力，更得到了政治安全的保障，海外大型文化跨国企业每年都在国内谋取巨大的利益，对国内文化企业造成极大的冲击，新的发展规划再度支持文化建设"走出去"。就当下文化产业建设客观实际而言，"走出去"已然变成现实。

"走出去"让辽宁省文化在外界的审视中重新沉淀文化内核，在全国巡展的过程中碰撞出对全省文化、历史和精神传承的再度体认，这也有助于培养全省的文化自信，也能更明确自我在全国文化队列中的特殊性和不可取代性。

（二）从业人员方面

1. 解放思想，提升对文化产业认知的思想境界

文化产业是社会经济发展到一定阶段后，由技术、经济和文化相互交融而产生的一种新型产业形态。因此，文化产业的从业者，需要的是灵感大于经验的特殊人才，需要有独特的眼光、敏感的时代嗅觉、新奇的想法和超水平的创意策划能力。要充分发挥这些创意性人才的智慧谋略，为全省建设文化创意素材库，支持文创人才的思想创意、内容创作。建设文化发展智库，服务党委政府决策，推动理论与实践的创新，培养文化创业新锐。规范行业组织运作，发挥其文化中介作用，筑牢文化产业市场主体合作桥梁。以内容创新为根本、技术创新为牵引、机制创新为保障，探索建立高效协同的创新体系，支持文化企业和高校、科研院所创建文化和科技创新公共服务平台。建立文化科技创新开放共享机制，支持文化与旅游、体育等行业和城乡规划、环境保护等工作紧密融合，通过乡村振兴、生态文明建设、智慧城市建

设等培育新型文化业态。

2. 加深对全省文化和资源的认识和热爱

当地有极为丰富的文化资源，各个历史阶段均在当地留下了文化烙印，包括工业方面、乡土方面、抗战方面等。此类文化资源也切实反映了当地特点以及文化内涵，成为当地实现全面文化建设、推动文化提升以及建设文化大省的重要支持和基础，在当地特色文化产业建设中有较高的经济效益以及社会效益。近些年，当地尤为关注文化建设，前后颁布了数个政策法规，对当地各个时期文化产业建设予以统筹性的谋划设计，对文化产业特殊领域的建设给予全面的支持。历经数年的发展，当地在切实融合地理、历史等前提下，已然形成了具有当地特色的文化产业生态。时下，当地文化产业建设需要具有地方特色，因地制宜，切实挖掘特色文化以及文化遗产，引荐和吸收其他地区在利用传统文化推动文化产业建设方面的成功经验，切实挖掘文化资源，对当地文化资源予以统筹，加强产品品牌建设，提升地方文化实力，最终推动当地文化产业的全面高品质发展。

3. 加强"文化+"跨界模式，在新形势新趋势下把握机遇

产业融合发展已成为当代社会经济发展的共识。抓住历史机遇，深入实施"文化+"战略，以融合提质增效，打造文化产业新增长极。

第一，深化文化和科技融合。充分运用辽宁科教优势培育新增长极。坚持重点突破、系统推进高度融合，结合当地资源基础、产业生态和优势，建设具有地域特色、形态多样、竞争力强的文化科技成果转化平台，推动跨行业、跨部门、跨地域的集成应用和创新。

第二，加快文化和金融结合。加快文化产业投融资机制建设与完善，引导金融部门更多地关注文化产业，推动文化和金融的高度融合发展，积极建设国家文化以及金融合作示范区，充分发挥辽宁文化金融服务中心平台作用，构建省、市两级文化金融服务中心联动体系，加快多层次、高效率的文化资本市场体系建设。

第三，加强文化与旅游融合。统筹推进文化与旅游资源、市场、品牌整合，健全扩大文旅消费的长效机制，打造国家文旅消费示范区。用文化价值

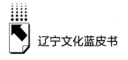

提升旅游品质，以旅游市场丰富文化业态。

第四，促进文化与体育融合。与具有全国乃至全球影响力的高水平体育赛事进行文化融合，推动体育事业、体育产业蓬勃发展。

第五，引导文化与新业态融合。结合居民消费结构和消费习惯变化，支持推动文化与智能制造、医疗健康等多个前沿产业高度融合，繁荣文化数字经济，打造文化新业态。

参考文献

《2018 中国文化及相关产业统计年鉴》，中国统计出版社，2018。

刘奥：《辽宁省文化产业发展策略研究》，《文化学刊》2018 年第 2 期。

徐飞、吴萌：《辽宁省文化产业实证研究综述》，《文化学刊》2021 年第 6 期。

卫佳诗：《文化 IP 视域下地方文化资源的保护与开发研究》，《戏剧之家》2021 年第 11 期。

杜凌飞：《故宫文化对现代文创产业影响程度分析》，《艺术品鉴》2021 年第 17 期。

B.6
辽宁文化品牌发展报告

王　焯[*]

摘　要： 辽宁省目前已经形成了文旅品牌、乡村旅游品牌、文化遗产品
牌、冬旅品牌、文化"云"品牌等，文化品牌在规模和质量方
面均日趋成熟。然而，辽宁省的文化品牌建设在顶层设计、资源
挖掘、服务质量、IP打造等方面还存在提升空间，需加强文旅
融合的政策引导，规范统计工作，提升服务质量，强化品牌化建
设，将既有优势做深做大做强，构建符合时代、市场、人民需求
的文化品牌体系。

关键词： 辽宁　文化品牌　文化市场　文旅融合

文化品牌属于文化产业的应用理论范畴，涉及经济学、管理学的知
识，文化品牌是文化产业标准化、规范化和先进性的标志。近两年，辽
宁的文化品牌随着文化及相关产业的蓬勃发展逐渐走向精品化、特色化，
形成四大文化品牌优势，即以弘扬主旋律为基调的演艺娱乐品牌，以
"文化惠民"为主旨的现代公共文化服务体系品牌，以传统为优势的文化
遗产品牌，以市场化、地方特色为导向的节庆展会品牌，在规模和质量
方面均日趋成熟。新冠肺炎疫情下数字化赋能文化品牌建设也加快了进
程。实践证明，文化品牌是文化高质量发展的重要组成部分，是文化强
省战略的重要抓手。辽宁需进一步深入挖掘自身文化资源，将既有优势

＊ 王焯，辽宁社会科学院社会学所副所长、研究员，主要研究方向为文化遗产、品牌学。

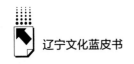

做深做大做强，并与时代同频共振，构建符合时代、市场、人民需求的文化品牌体系。

一　辽宁文化品牌建设现状

（一）以市场为导向的文旅品牌，融合发展，效果初显

2020年国庆、中秋双节同庆，辽宁文化旅游市场也迎来了真正意义上的复苏黄金期。辽宁持续贯彻落实"限量、预约、错峰"要求，坚持常态化疫情防控和景区有序开放，为广大游客提供了丰富多彩的文旅产品和服务。

沈阳鸟岛推出以"百鸟鸣国庆·红鹮迎客来"为主题的国庆观鸟周，展示了景区新引进的红鹮、疣鼻天鹅、鹈鹕等鸟类；沈阳故宫举办清文化主题演出，推出宫中有佳人——清宫后妃的雅致生活展、龙耀帝乡——清代宫廷御用品展、李仲元书法作品展和向祖国71周年华诞献礼的"百花来朝"国花展；张氏帅府持续在帅府五间房举办"程潜将军与新中国"成就展和永远的长安——陕西唐代文物精华展。

大连金石滩旅游集团倾情打造了"花画世界，浪漫金石"金石滩植物园首届菊花展暨诗书画融合作品展。大连人民文化俱乐部、保利剧院、金三角剧场为小朋友们呈现了精彩的儿童剧。在瓦房店市八三广场，举办了"走向我们的小康生活""致敬抗疫英雄""用文化点亮美好生活"三个主题晚会。"转身向海，扬帆辽宁"2020年大连长山群岛海上桨板挑战赛在大长山岛镇举办。

丹东市推出了涵盖文、体、旅、商的各类活动，包括2020年丹东首届网红节、宽甸天桥沟枫叶节、东港海鲜文化节、凤城大梨树农民丰收节、安东老街中秋国庆系列活动、大美辽宁2020年环沿海经济带全国百台汽车房车巡游活动——丹东站巡游、第二届辽宁省文化旅游商品创意大赛暨丹东市首届文化旅游商品创意设计大赛成果发布活动等。

辽阳市开展了"辽阳市2020年决胜全面建成小康社会"公益惠民演出，全面启动"遇见辽阳 心回故乡"辽阳市2020年金秋系列文化旅游消费促进季26项活动。此外，第二届襄平美食文化节、白塔区首届音乐美食节、宏伟区首届"畅游宏伟 乐享消费"文化旅游节、灯塔市第五届辽峰小镇葡萄节等盛大开幕，汇聚各色风味小吃、地方特色及异域风味美食，吸引了众多游客。

文化和旅游深度融合，旅游产品供给推陈出新，促进旅游市场持续升温。"2020年全省秋季旅游启动仪式暨第十六届本溪枫叶节开幕式"在本溪举办，满族歌舞、民族器乐惊艳亮相，国家级非物质文化遗产保护项目"本溪社火"在景区展演，丰富多彩的节目让游客目不暇接。小市一庄景区实现接待人数、旅游收入双增长。辽阳前杜草莓小镇成为"中央电视台2020年全国农民丰收节分会场"。"襄"约古城，"医"起畅游，辽阳市组织急救中心援鄂等驻疫情高风险地区的医护人员游览辽阳博物馆、广佑寺、白塔历史文化街区和太子河体育运动公园，游览家乡美景。葫芦岛市的葫芦文化节、连山古玩文化节、兴城古城宁远文化节、建昌古城古玩大集等，营造了浓厚的节日氛围，吸引了广大游客参与其中。

（二）以质量为追求的乡村旅游品牌，精准扶贫，成效显著

近年来，辽宁省委、省政府高度重视乡村旅游高质量发展，出台了《关于促进乡村旅游可持续发展的实施方案》等一系列政策和措施。2020年，辽宁依托浓郁的地域乡土文化、民俗风情和乡村田园自然风光资源，加快完善乡村旅游基础设施和旅游公共服务设施，加强乡村环境建设等，因地制宜地推动乡村旅游业快速发展，为服务国家乡村振兴和脱贫攻坚战略提供有力支持。目前辽宁已有30个乡村进入全国乡村重点名录，成为文旅融合、旅游扶贫的新典型。据统计[①]，全省1169个乡镇有农（渔）家乐7481家，农业观光、农事体验区点300余处，休闲农庄、乡村综合体200余处，全省

---

① 辽宁省文化和旅游厅官网。

乡村民宿入库数量已达 600 余家。共有 30 余人获选国家乡村文化和旅游能人，14 个乡村振兴项目获得国家扶持。

随着辽宁乡村旅游发展的不断推进，乡村旅游成为带动农民增收致富的重要途径。2019 年以来，辽宁省乡村旅游吸纳农民就业人数近 30 万人，带动农民间接就业超过 100 万人，接待乡村旅游游客近 2 亿人次。"十三五"以来，全省乡村旅游接待总人数达 22510.8 万人次，乡村旅游总收入达 1650 亿元，2019～2020 年年均增幅达 14.5% 以上。一批乡村旅游品牌脱颖而出，涌现了凤城大梨树生态旅游观光、沈北新区稻梦空间、大连金州新区紫云花汐、鞍山老院子等一批省内外知名乡村旅游品牌，以及沈阳浑南王士南村、大连旅顺小南村和向应街道土门子村、盘锦大洼区王家镇等一批知名乡村旅游目的地。10 条乡村旅游精品线路入选全国 300 条乡村旅游精品线路。推进文化和旅游公共服务机构融合试点建设，目前建成 5 个国家级、57 个省级试点单位。

近年来，辽宁着重乡村旅游提质升级，实施休闲农业和乡村旅游精品工程，开发家庭农场和休闲现代农庄等新业态，丰富"旅游 +"产品供给。突出"旅游 + 文化"品牌建设，充分重视岫玉、紫砂、玛瑙、辽砚和满绣、剪纸等传统技艺传承，创新二人转、满族皮影、高跷、地秧歌等优秀民间戏曲曲艺表现形式，大力开发乡村文化旅游产品，让地域特色文化可触摸、可体验。支持发展乡村旅游"后备箱工程"和旅游商品开发，本着"一村一品、一村一特色"的发展理念，打造以农业认养、果蔬采摘、特色美食为主题的特色小镇，使乡村旅游引领旅游新风尚。

（三）以红色为基调的文化遗产品牌，资源丰厚，发展迅速

革命文物保护工作迈上新台阶。2021 年 3 月，辽宁省文物局发布了《关于公布辽宁省第一批革命文物名录的通知》，红色旅游线路发展步入快车道。2021 年 3 月，省文化和旅游厅对外交流合作处联合资源开发处策划推出建党 100 周年辽宁红色经典之旅线路及产品。依托京沈客专的开通，宣传推广辽宁红色经典之旅品牌形象；结合党史学习教育的成果应用，以辽宁红色主题游为引领，持续开展"辽宁人游辽宁"活动；依托辽宁春季特色

旅游资源，推出"红色旅游+乡村""红色旅游+民俗""红色旅游+生态"等特色产品，为传承红色基因，扩大旅游消费，深化党史学习教育走深走实提供坚实保障。

（四）以冰雪为特色的冬旅品牌，招商助力，吸引力强

近年来，辽宁冬季旅游品牌知名度大幅提升。自2015年冬季以来，全省持续开展的"嬉冰雪 泡温泉 到辽宁 过大年"冬季旅游主题活动一直备受市场欢迎，目前已具备四大冬旅品牌优势，即交通通达性优势和东北入口的区位优势；有冰有雪不冻手的气候优势；覆盖全省14地市的"冰雪+温泉+民俗"的资源组合优势；冰凌穿越、攀冰等冰雪自然条件多样性优势。

2020年是不平凡的一年，为抓住国内旅游市场复苏机遇，提振消费信心，扩大辽宁文旅在国内主要客源地的影响力和吸引力，增进与京津冀、长三角、珠三角等地合作，2020年11月初至12月中旬，辽宁省文化和旅游厅在北京、南京、广州、长春、上海5地分别举办了主题为"嬉冰雪 泡温泉 到辽宁 过大年"2020年辽宁冬季旅游推介和文旅项目招商系列活动，营销推广受到青睐，文旅招商效果显著。活动以辽宁省"冰雪+温泉+文化"冬季旅游资源和文旅融合产品为依托，以"嬉冰雪 泡温泉 到辽宁 过大年"为主题品牌形象，以重点旅行社、新闻媒体、旅游投资机构（企业）、KOL达人等为主要传播渠道。在《中国旅游报》、《中国日报》、中新社、新华网、人民网、《辽宁日报》、北京电视台、江苏电视台、广东电视台、辽宁电视台等中央及地方重点媒体及抖音、快手、网易、新浪等网络平台共130余家媒体上得到了广泛报道，累计新闻传播量过亿次。2020年冬季，共有110家旅游企业和投资商签署合作协议49份。[①] 携程预订显示，2020年11月以来，辽宁省滑雪主题产品预订量增长120%。辽宁部分旅游重点企业同北京等17家重点旅游企业就引客入辽、旅游投资合作等内容展开了洽谈，并签订了意向性合作协议，计划投资额约101亿元。

---

① 辽宁省文化和旅游厅官网。

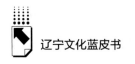

（五）以"数字＋"为赋能的文化"云"品牌，内容丰富，形式多样

抗击新冠肺炎疫情期间，"数字＋"成为文化活动的首选形式，辽宁的文化品牌建设充分展现了文化"云"系列成果。比如，2020年，辽宁省文化演艺集团文化惠民月活动主题为"'云'享文化，健康生活"，推出七大系列——"云剧场""云战疫""云阅读""云展览""云旅游""云直播""云课堂"百余项活动，实现线上视听、阅读、直播、赏析优质的文化产品，创新服务方式，统筹优势资源，通过"辽宁文化云"平台以及自媒体平台，全方位、集中提供丰富的数字文化服务。辽宁省以国家"加快建设数字中国"战略部署为指导，落实全省工业互联网数字经济5G网络数据中心建设工作取得了初步进展。

辽宁省文化演艺集团以"原创优秀作品凝聚力量温暖人心"，推出了《天使之歌》《愿望》《英雄誓言》《情暖人间》等音乐视频作品；辽宁歌剧院视频连线意大利艺术家共唱意大利经典歌曲《真爱乐章》、与埃及开罗歌剧院共奏《凯旋进行曲》，以及《流泪的幸福》《中国之爱》等抗"疫"主旋律歌曲。

辽宁省文化遗产保护中心广泛征集非遗作品，以剪纸、指画、雕刻、东北大鼓等多种不同的非遗形式创作主题作品。非遗传承人化身网络主播传授非遗技艺是辽宁省文化遗产保护中心策划推出的"非遗＋直播"线上非遗公开课新模式，实现了中华优秀传统文化融入现代科技的创造性转化。

辽宁省图书馆第九届全民读书节暨第三届图书馆嘉年华利用数字多媒体进行阅读推广，如"e路书香"21场讲座，"我爱我的祖国"电影图书馆线上观影，"阅读表情"摄影大赛，农民工征文大赛"攻坚的力量——脱贫奔小康"，馆藏经典图书线上微信号和线下好书榜书墙同步推送，少儿书法绘画大赛"温情新时代 携手绘辽宁"，馆藏珍贵古籍数字化成果，以及"手机图书馆"、云阅读、数字阅读以及一系列网上讲坛、网上展厅、网上活动等。

辽宁省博物馆也推出了系列云游活动，观众可在线观展。据统计，"文物系荆楚 祝福颂祖国"接力海报展直播活动中，辽宁省博物馆的"华夏儿

女 守望相助"主题直播观看量达 37.4 万,文博直播栏目"宝藏四方"辽宁省博物馆专场直播观看量达 30.1 万。

疫情出现之前,"发现辽宁之美、感受辽宁之好、我在辽宁等你"品牌形象亮相 2019 年中国—东盟博览会旅游展,辽宁代表团获得 2019 年中国—东盟博览会旅游展"最佳创意奖"和"文旅融合创新奖",向"一带一路"相关国家旅游部门和企业代表展示了非物质文化遗产——辽宁满族萨满舞、东北特产和葫芦工艺品,全方位、多样化展示辽宁文化和旅游品牌和产品,成为第二十四届中国北方旅游交易会上的一颗璀璨明珠。疫情之后的"云游"微视频遍地开花,如"云游辽宁"系列展示了省内的长城、故宫、园陵、名人故居等 5A 级、4A 级旅游景区风貌;专题片《辽宁老字号》《一宫三陵》《辽河文明》等。此外,锦州义县奉国寺已入选"中国世界文化遗产预备名单"(辽代),还有北魏时期万佛堂石窟、义县大凌河国家湿地公园等。视频宣传片《壮美辽宁》利用 5G 技术及网络媒体进行直播宣传,实现线上 App 客户端网络直播和自媒体互联。

二 辽宁文化品牌建设中存在的问题

(一)顶层设计有待完善,文旅融合需要逐步增强

目前,辽宁域内的博物馆、图书馆等社会事业单位在推动文物"活起来"的过程中还存在制度性障碍,特别是在博物馆、图书馆能否开办社会化经营项目,如何使用文创、办展等收入等问题上还需要有关部门深入研究,在法律法规和实际操作中加以解释。在街路、公交、河流等方面存在市区分管、配套不同等问题,比如棋盘山等重点风景区还存在多头管理、政企职能界定不清、经营管理职权混淆问题,致使资源无法得到整体开发,景区管理质量严重下降。

(二)服务质量亟待提升,市场度和美誉度需要同步提高

辽宁各市许多知名旅游目的地之间没有建立和提供智慧、高效的交通设

施及服务，交通、餐饮、娱乐等基础配套设施仍然不健全，或者品质不高，区域带动力和产业示范性较弱。有的旅游景区的附加产品严重满足不了市场需求，缺乏资源统筹的全面视野，不注重要素配套和附加产品的开发等问题。2019年在线抽样调查显示，来沈游客对旅游商品特色满意率为49.5%，不满意率为17.1%；对旅游商品品质满意率为48.1%，不满意率为15.9%。再如辽宁虽有丰厚的历史文化、民俗文化、民族文化等文化资源与底蕴，但至今仍没有开发出具有市场影响力和美誉度、成熟的知名文化旅游演艺作品。

三 辽宁文化品牌建设的政策依据

（一）《关于推进辽宁省冰雪经济发展的实施方案》

2019年9月12日，辽宁省文化和旅游厅、发展和改革委、教育厅、工业和信息化厅、财政厅、自然资源厅、农业农村厅、商务厅、市场监督管理局、广电局、体育局、金融监督管理局、林草局和气象局等部门联合制定了《关于推进辽宁省冰雪经济发展的实施方案》。方案提出到2025年，初步建成以冰雪体育休闲旅游产业为核心的冰雪全产业链条；形成以"冰雪旅游、冰雪体育、冰雪文化"重点冰雪项目为支撑，冰雪装备制造初具规模，市场活力得到充分释放，基础设施基本完善，产业体系较为完备的冰雪产业发展格局；冰雪旅游总收入达到2300亿元，年增长率不低于15%。

（二）《国家级旅游度假区管理办法》

2019年12月20日，为了规范国家级旅游度假区的认定和管理，促进旅游度假区高质量发展，文旅部制定了《国家级旅游度假区管理办法》，具体包括21条管理办法。

（三）《辽宁省支持文化和旅游企业共渡难关若干政策措施》

2020年3月6日，为深入贯彻习近平总书记关于坚决打赢疫情防控的人民战争、总体战、阻击战的重要指示精神，全面落实党中央、国务院关于疫情防控的决策部署，帮助和支持文化和旅游企业做好疫情防控和恢复生产工作，帮助企业渡过难关，实现持续健康发展，特制定此项政策。

（四）《辽宁省公共文化服务领域基层政务公开标准化规范化工作实施方案》

2020 年 9 月 4 日，为深入贯彻《文化和旅游办公厅 国家文物局办公室关于印发〈公共文化服务领域基层政务公开标准指引〉的通知》和《辽宁省人民政府办公厅关于印发〈辽宁省全面推进基层政务公开标准化规范化工作实施方案〉的通知》精神，扎实推进全省公共文化服务领域基层政务公开标准化规范化建设工作，辽宁省人民政府办公厅结合辽宁省公共文化服务领域实际，印发了此方案。

（五）《国务院关于同意将辽宁省辽阳市列为国家历史文化名城的批复》

2020 年 12 月 7 日，国务院正式批复同意将辽阳市列为国家历史文化名城，指出辽阳市历史悠久，传统格局和历史风貌特色鲜明，文化遗存丰富多样，城市发展脉络清晰，具有重要的历史文化价值。辽宁省及辽阳市要按照党中央、国务院决策部署，牢固树立保护历史文化遗产责任重大的观念，强化历史文化保护，深入研究并发掘历史文化资源的内涵与价值，明确保护的原则和重点，传承并弘扬中华优秀传统文化。

四 辽宁文化品牌建设的趋势分析与对策建议

（一）加强文旅融合政策引导，提供法治保障

在"十四五"规划体系中，将文旅融合纳入城市空间战略规划和各类产业规划体系。引导社会资本参与文化建设。激发释放国有重点景区门票降

价的后续效应，精细化运用门票降价的杠杆作用，建立错时、分季降价措施，同时提升服务品质和内容，推出特色文创产品，优化游客体验，增加非门票经济收入，提高二次消费。

（二）规范文旅产业统计工作，明确水平和趋势

按照国家和省里有关政策要求，比如《关于加强和规范文化产业统计工作的通知》（国统字〔2018〕58 号）等，积极组织《文化及相关产业分类（2018）》等基础知识的相关培训、学习和研究工作。文旅产业统计应围绕全省文旅产业发展动态、旅游数据统计工作、文化旅游业增加值核算和部门信息共享等问题，通过改革统计方法，提高统计数据精确性；增设产业基础数据报表，扩大文旅统计覆盖面；建立公安、公路、机场、火车站、移动、联通、电信等旅游统计辅助体系，提高旅游统计数据匹配度等，综合提高文化和旅游产业统计数据质量。同时，可以组织由相关部门、科研院所、高校的专家和专业人员组成的研究团队参与调查、统计和分析工作，开展深入专业的数据统计和分析工作，明确辽宁的水平和趋势，为决策咨询提供精准的统计服务。

（三）提升文旅产业服务质量，有重点、成体系

从需求侧和供给侧两端发力，构建旅游景区、旅游星级饭店、旅行社、旅游餐饮场所、旅游交通、智慧文旅服务质量提质升级体系，全面提升旅游质量和水平。重点工作包括两点。一是构建城旅融合体系。通过完善和新建100 个标志性文化设施、形成十大文体发展格局、实施文化事业"四个一百"工程、培育和扶持 100 个文化企业等措施，以充分发挥辽宁历史文化资源、自然区位资源和现代产业资源合力为目标，展现辽宁特色文化风貌，助推城旅合一发展。二是与时俱进，"精耕细作"。

（四）强化文旅产业品牌化建设，助力文创产业发展

一是要做精做强文化旅游品牌，构建文旅 IP 系统。高质量发展的关键

就是提供更好的品牌和服务。打造多元而独特的文化旅游IP，可以有效避免景区的同质化，对相关产业系统的延伸也会起到事半功倍的作用。提炼辽宁特色文旅IP，可以参考成都"熊猫"、杭州"西子猫猫"、秦淮河"状元郎"、华侨城"小凉帽"等模式，扎根辽宁文化资源，突出辽宁地域特色、历史特色和时代特色，通过景观、演艺、纪念品等形式，建立起主题文化旅游体系。二是增加文化产业供给，做强特色文化品牌。以老字号、文化遗产等资源为依托，以动漫、直播、手作等新兴文化产业为突破口，依托4A级以上景区、文化产业园区或文创基地等，策划、举办或建设特色主题活动或项目，提高文娱活动参与度、文化产品供给满意度。三是依托文旅IP，加快文创产业发展。在文旅IP的基础上，高质量建设一批富有区域特质、彰显特色文化、融入经典元素和标志符号的区域文化地标和公共空间。发展特色创意设计、度假旅游、户外运动、文化体验、研学培训、康养医疗、动漫、出版等文创业态，形成立体化的文旅IP生态网络。

参考文献

舒咏平、戴世福、杨敏丽：《中国国家形象与自主品牌传播》，人民出版社，2020。

国家统计局社会科技和文化产业统计司、中宣部文化体制改革和发展办公室编《2019中国文化及相关产业统计年鉴》，中国统计出版社，2019。

张晓明主编《中国文化发展研究报告（2017～2020）》，社会科学文献出版社，2020。

成都市文化体制改革和文化产业发展领导小组办公室、成都市社会科学院主编《成都市文化创意产业发展报告（2020）》，社会科学文献出版社，2021。

融合发展篇
Integrated Development

B.7
辽宁美丽乡村文化扶贫发展报告

陆国斌*

摘　要： 美丽乡村建设是推进乡村振兴，加强社会主义新农村建设的民生项目，也是建设小康社会的基础和前提。党的十八大以来，美丽乡村被赋予了新的使命和目标，辽宁省作为老工业基地，在实施"创新、协调、绿色、开放、共享"五大发展理念的同时将文化振兴视为乡村振兴的重要一环，美丽乡村文化扶贫是乡村振兴的基础，也是目前农村建设存在的软肋和短板。本报告通过案例分析阐述了乡村文化的弱点和扶贫发展的对策。

关键词： 美丽乡村　乡村振兴　辽宁

美丽乡村建设是新时代乡村振兴的重要组成部分，是缩小城乡差距、进

---

* 陆国斌，鲁迅美术学院人文学院教授，研究方向为美术学。

行乡村改革的第一步。为了完善美丽乡村民生工程建设，不断改善村民的人居环境，通过多元化发展调整乡村产业模式，带给农村转型、农业发展、农民创收新发展思路。

辽宁建设美丽乡村工作大致分为村风村貌精神建设、生活垃圾治理和改厕排污基础设施建设等。近些年，在美丽乡村建设评选中，辽宁陆续涌现以北镇市罗罗堡镇、锦州义县瓦子峪镇大铁厂村为代表的全国特色乡镇、全国美丽乡村、全省最美村镇，为辽宁农村环境治理和生态改善找到一条创新发展之路。随着红歌、纪念馆、民俗文化的兴起，辽宁各地的精神文明建设也迈向新的发展阶段，乡村文明公约、乡贤文化等也相继形成，通过文化涵养引导村民的文化生活意识提升，并激发了村民倡导文明之风、共建文明家园的热情。

辽宁新农村建设着力改善当地人居环境，推进硬化道路、修建桥梁、安装路灯等便民亮化工程。2017 年 10 月，在辽宁省财政部门与各级有关部门的密切配合下，全省村内水泥道路和美丽乡村示范村建设任务已全部进入备战阶段。2020 年，全省共建设村内沥青或水泥路面道路 6288.3 公里、村内桥梁 3708.1 延长米，受益人数达 474.7 万人，超额完成省政府确定年度目标任务；亮化工程中共安装太阳能路灯 2.08 万盏、垃圾箱等设备 5250 个，修建村内道路边沟 296.5 公里，村内水渠 25.1 公里，特色文化墙 61.9 万平方米，文体活动广场、健身器材 42.1 万平方米，植树 41.7 万株。全省 300 个美丽乡村示范村建设任务全面完成，预计到 2025 年将建成 1000 个美丽乡村。

一　辽宁美丽乡村建设存在的问题

美丽乡村建设，是新时代乡村振兴战略中新农村建设的一个升级阶段，核心在于帮助老旧乡村转变发展理念，寻找经济发展资源，改善空间布局和环境，提升人居环境质量，适度转型乡村生态环境，共谋乡村文化传承理念等新思路。辽宁在推进美丽乡村建设实践中，逐渐出现以下主要问题。

（一）发展资源匮乏

辽宁很多乡村面临着资源匮乏的严峻问题，不仅体现在水、土地、森林、草原、动物、矿藏等自然资源的相对缺乏上，而且体现在人力资源、信息资源以及经过劳动创造的各种物质财富的绝对缺乏上。

（二）产业发展乏力

一些富有矿藏的乡村在经历兴盛期后步入衰败，例如葫芦岛南票区、北票区早年有钼矿，由于过度开采，水源受到污染，整体地面塌陷，生态失衡，加之人口减少，产业结构失衡，医疗卫生滞后，人均收入出现赤字化常态，现基本成为枯村。

（三）生活环境不佳

一些农牧混合的村落随着畜牧业的发展而不断迁移和扩大，很多地方出现圈地划片囤积杂物的问题。此外，源于落后的意识和不良的生活习惯，乡村普遍存在脏乱差现象，随着国家拨款补助大力整改公厕，这些问题稍有缓解。

（四）村民收入较低

辽宁村民收入普遍偏低，尤其是辽西地区，每逢干旱，村民颗粒无收，导致很多村民弃农进城。留在乡村的往往是老弱病残等没有劳动能力的人，他们依靠国家低保和社会救济帮扶，人均收入很低。

（五）公共服务水平偏低

乡村的医疗、教育等公共服务设施配套和相关服务体系不完善，导致教育、医疗卫生、社会保障、养老、文化体育等公共服务水平普遍偏低。

（六）人口外流严重

辽宁乡村人口外流现象严重，很多村庄成为贫困村、空心村。大量年轻人选择了发展前景更好的大城市，农村青壮年劳动力减少，留守老人及儿童普遍，空置房产增多，空心村现象不断恶化。

二 辽宁美丽乡村建设的路径

辽宁美丽乡村建设经过近些年的探索和实践，逐渐形成以民俗文化为切入点，与教育、非遗、产业、文创、博物馆、文化广场等元素有机结合的方式，走出一条"民俗文化＋"的具有辽宁特色的美丽乡村建设之路。

（一）"民俗文化＋教育"

深入挖掘遗失多年的民俗文化，赋予其新的时代意义。2018 年 7 月，陆国斌美丽乡村建设工作室在锦州市北镇市罗罗堡镇张巴村绘制文化墙的同时，在山村中选用民宅修缮成内部用草坯大泥、外表用石头堆砌的具有辽西建筑特点的国学堂，并在屋内悬挂孔子圣人画像，引领山村孩子们发扬国学思想，吸引众多教育机构慕名而来。

（二）"民俗文化＋非遗"

美丽乡村建设要找到乡村的特色优势，非遗就是一个重要参考项。辽宁很多乡村拥有非遗资源，如满绣、辽瓷、剪纸、高跷等，但开发不足。应着力通过文化创意和技术创新，让具有典型意义的非遗更好地展现民俗文化，成为乡村振兴的重要抓手。

（三）"民俗文化＋产业"

民俗文化作为辽宁富集的文化资源，应引导其产业化发展。探索"民俗文化＋刺绣工艺"，在阜新蒙古族自治县招束沟镇拉格拉村、朝阳县羊山镇东升村等建立了"盛京满绣扶贫车间"和"盛京满绣刺绣基地"，培养"定点招生、定式设计、定量制作"的从业人才，并确定了先培训、再签约、后回收的合作模式。"盛京满绣坊"在辽宁省内建立了 41 个扶贫点，

助力贫困地区群众脱贫致富。与此同时，"盛京满绣坊"特意派出专业技师驻村传授妇女们专业的刺绣技法和图谱设计经验。通过技术培训，妇女们拥有一技之长，在农闲之余，可以贴补家用，还能照顾家庭，缓解了乡村人口流失的问题，调动村民经济创收的积极性。

（四）"民俗文化＋文创"

利用自媒体创意、影视、动漫科技等手段，打造符合时代要求、充满地域特点的现代化民俗文化产业体系。辽宁义县与鲁迅美术学院建立"文创研发培训基地"，搭建"大中小学生产学研一体化"协作平台，促进校企和地方之间交流协作，增加手工艺的文化内涵和设计元素。策划奉国寺礼品研发和义县县礼，举办多次民俗文化节，在活动中进行农耕文化、民间技艺、时令民俗、节庆活动、民间歌舞展示，带给游客视觉上、感官上的新体验，丰富辽宁乡村旅游的文化内涵。

（五）"民俗文化＋博物馆"

美丽乡村建设要及时抢救、挖掘凸显乡村古传统风貌、乡村手工艺、匠作精神、乡愁、乡贤、宗族等的发展历史，打造乡村博物馆的民俗文化内核。例如，苏家屯的火车陈列馆内珍藏了很多展品，展现了我国从蒸汽机时代到当今电动时代的飞速发展历程。义县北关的"辽西博物馆"原名"聚缘号"，作为乡村民俗展馆的典型代表之一，传承了很多辽西地区的民间故事、民间传说，也珍藏了很多民间的医药处方和做工精致的工艺美术作品，例如辽西剪纸、烫画技术工艺等。乡村民俗展览馆又叫民间文化展览馆，一般有两类——物质生活民俗展馆、精神生活民俗展馆。

1.物质生活民俗展馆

生活民俗展馆是对商业和生活以及生产方面的物品进行陈列以展示民俗文化。2019年朝阳县羊山镇东升村打造了具有乡村历史记忆的民俗展馆，展馆以复古风格为主，结合现代化技术，用物品、图片、实景展示了民族风情、生产建设、经济发展等。馆内设有东升村史溯源、发展概况、村内从古至今大事记板块，并对生产工具、衣食住行等进行实物陈展，对于重要事件场景或者代表人物，利用雕塑、浮雕进行场景还原。资料展示采用速捷展具、灵活多变的安装形式和创意融洽的造型设计，不但美观而且可自由组装更换内容，有利于后期的展馆维护。

2. **精神生活民俗展馆**

通过历史、物件（人物、朝代变更、房契、书信件等）展示，记录东升村历史、东升村文化、朝阳县地方民俗风情等，其中包含与人物有关的典型事件和代表性人物等内容。新时代乡村振兴民俗馆的设计呈现了岁月的变迁，也呈现了在中国共产党的领导下，新农村建设的发展历程以及各个时期的功绩，集中反映了村庄的历史底蕴和在党领导下农村的发展变化概貌。

（六）"民俗文化 + 文化广场"

乡村文化广场是广大农民群众文化活动的主阵地。为满足农民群众的精神文化需求，调动其参与文化活动的积极性，提高广大群众的文化素质和生活质量，建设具有当地特色的文化广场是重要抓手。2020 年 7 月，在抚顺市新宾县永陵镇落成了五道堡村民俗广场。经过专业团队的策划与设计，该广场展出了具有时代特色的农具、农产品，已成为网红打卡地。

三　乡村民众文化素养提升带来发展动力

近年来，辽宁省扶贫扶志工作从政策宣讲、文化活动、文明实践三方面着手，不仅通过美丽乡村建设中的文化助力，提高了贫困群众思想文化素质和科学技术水平，而且通过典型示范，让留守村民看到了未来农村的希望，传授给他们致富的手段，以榜样的力量带动未来农村更快更好地发展。辽宁一直以"文化 + 宣讲"的形式对村民进行帮扶，以鲁迅美术学院陆国斌美丽乡村建设工作室为例，从 2014 年开始，其先后为辽宁省 8 个市 57 个乡（村）及学校、21 个社区义务绘制文化墙多达 10 万平方米，打造文化河流、国学堂、写生基地、新时代乡村振兴民俗馆、乡村广场、画家村、写生基地

等省文化产业基地 29 个，组织策划宣讲百余场次，将党的方针政策讲给贫困户，组织模范走进贫困村宣讲亲身经历，为乡村建设鼓志气、增信心；新年期间组织当地书法家写春联捐赠给贫困户，组织企业为乡村贫困户捐赠年货物资，组织残疾人文艺团队下乡演出，助力群众精神文化生活的同时，把党和政府的声音传遍千家万户；以个人唤起团队以及社会共同的爱心，积极全面地推动美丽乡村建设。

2018 年辽宁省委省直机关陆续派出 2000 余名公务员驻村帮扶，他们成为辽宁美丽乡村建设的生力军，投入乡村基础设施建设和文化设施配套以及文化宣传事业中。如筹资兴建了新时代文明实践所、羊山镇电影院、羊山农家书屋大篷车、美丽乡村文化墙、蘑菇产业基地、肉牛产业基地、南瓜制种、水库河蟹、新时代乡村振兴民俗博物馆、新时代乡村振兴文化广场等36 个省扶贫产业基地。辽宁省通过对乡村文化建设的不断投入，逐步改变乡村文化发展格局。

（一）朝阳县羊山镇电影院创建

朝阳县羊山镇电影放映服务队组建于 2008 年，有队员 2 人。每年行程8000 余公里，完成公益电影放映 240 场，惠及基层农民 2 万余人次。2020年在省委宣传部门的帮扶下，建成并投入使用的乡镇电影院让基层农民群众实现了进电影院看电影的愿望，受到基层农民的热烈欢迎。

1. 组织开展庆祝建党百年红色主题放映活动，让基层农民及中小学生实现进影院看电影的愿望

电影放映服务队充分利用乡镇电影院的优势，通过多方争取，借庆祝中国共产党成立 100 周年，党史学习教育深入开展，组织全镇中小学生和各村党支部免费观看《建党伟业》等红色影片，共组织 13 场次，观看人数达1000 余人，羊山镇电影院成为传播正能量的红色阵地。对全镇党龄 50 年以上的老党员、五保户、低保户免费开放，让他们感受到党的温暖、感受到现在科技的飞速发展，共组织 31 场次，观影人数达 1262 人。羊山镇电影院还充分发挥其科普大讲堂作用，向北方院线申请科普片源，对全镇养殖户进行科普教育，传授养牛技术、大棚种植技术和果树嫁接技术，共组织 9 场次，观看人数达 426 人。

2. 充分发挥流动放映优势，坚持把电影送到基层农民群众家门口，羊山镇电影放映服务队全年流动放电影240场，覆盖全镇20个行政村

每年有 200 多个夜晚，电影放映服务队深入村文化广场、学校、敬老院、军营等场地，开展电影放映工作；车辆运行 8000 余公里，观影人数达到 2 万余人次，出色完成了公益电影放映任务，实现电影放映零失误。几年来，电影放映服务队为了让更多农民群众在家门口看电影，不怕路途遥远，将电影放映到村、屯、组，放映点不固定，几乎全镇每个村屯都放映过。放映的影片主要围绕农村科普知识、防疫知识、环境维护常识、爱国教育红色传承、中华民族传统美德等，深受基层群众欢迎。电影放映为基层农民带来视觉盛宴的同时，还拉动了当地产业的发展。鲁王杖子村受农普科技知识影片的启发，发展肉牛养殖大户 18 户，存栏量达 105 头，并建成养牛繁殖基地 1 处，存栏量达 230 头，在所在地区文化助力小康建设方面影响较大并形成一定的示范效应。

3. 坚持电影规范化放映要求，遵循少量多次，力求效益最优化

电影放映服务队坚持高标准、严要求，认真对待每一场电影放映。多数时候采取科教片和主片结合的方式，达到最好观影效果。影片订购多样化，电影院已与北方院线联合放映，与全国各大影院同步播放最新主流影片，并以国产影片为主。公益电影以最新爱国教育影片和科普及中小学生影片为主。电影根据当地百姓的需求进行订购，不断满足基层群众新需求。

4. 积极探索放映模式转型升级，切实改善放映质量和观影条件

农村公益电影给百姓带来了新的生活乐趣，有利于百姓近距离观看影片。但也受天气条件的影响，特别是暑伏天的蚊虫叮咬、深秋过后夜晚的寒冷，给群众观影带来了极大的不便。另外，流动电影局限于夜间播放，从时间方面也给部分群众带来了观影的不便。一方面，利用一切可利用的时间，最大限度地在有效时间内为农民群众放映电影。另一方面，从克服天气条件影响的角度，探索利用乡镇电影院、妇女儿童之家、党建活动中心、农家书

屋等场地进行公益电影放映，将部分公益流动电影转为室内放映，从而利用现有条件进行资源整合，给百姓带来更好的观影体验。

（二）朝阳县羊山镇农家书屋创建

朝阳县羊山镇全镇有农家书屋21个，其中基础设施条件最好、藏书最多、发挥作用最好的，当数座落于镇政府院内的中心书屋。该书屋现藏书11000余种22000余册，阅览室面积达120平方米，图书管理规范有序，同时配有1台农家书屋流动大篷车。2020年以来，羊山镇以中心书屋为依托，紧紧围绕"打通服务农民阅读最后一公里"，大胆改革创新，通过购置农家书屋大篷车、设立阅读服务点、推行手机App客户端等，全力提升书屋服务效能，不断提高农民群众阅读品质。

1．"农家书屋＋大篷车"，让农家书屋动起来

虽然日常到中心书屋看书借书的农民群众也不少，但是还有部分农民由于地域因素打消了到书屋看书借书的念头。为切实解决这一问题，羊山镇精心打造农家书屋大篷车，精选中心书屋150余种大约2000册图书摆放在大篷车内，并安排了专职管理员，将书屋由固定场所变为流动场所。大篷车定期到村（屯）文化广场、文化大院、农村大集等开展服务活动，将传统的"到书屋借阅"变为"流动借阅"，深度发挥书屋效能，深受农民群众欢迎。

2．"农家书屋＋阅读服务点"，满足不同人群阅读需求

以中心农家书屋为阅读中心，根据不同群体需求，在邮局、农业合作社以及乡贤家等设置农家书屋阅读服务点，推动农家书屋的图书向农民群众密集、活动集中的地方延伸，在切实解决农家书屋服务农民群众"最后一公里"问题的基础上，满足不同群体阅读需求。例如，在苗木合作社设立阅读服务点，在中心书屋选择以苗木产业培育科技为主的书籍进行配备，重点服务对象是苗木合作社社员，满足其在苗木培育、苗木产业发展方面的科技书籍需求。

3．"农家书屋＋App客户端"，适应新时代新需求

适应新时代全媒体时代需求，特别是紧密结合新时代新农村新特点，羊

山镇研发农家书屋 App 客户端并投入使用。农家书屋 App 链接在"掌上朝阳"客户端，系统性承载广大农民群众借阅图书等信息化服务。农民群众下载此 App，能够线上浏览中心书屋图书，了解藏书情况，明确借阅状态，并可以预借阅，对于书屋没有的图书，通过提交"心愿单"的方式进行需求反馈。推行"百姓点单、按需制单"采配模式，依"心愿单"制定购书清单并配备相应图书，精准满足农民群众的阅读需求，确保采配图书更有针对性、实效性，让农民群众成为图书补充、更新的主角。

4."农家书屋 + 文明实践平台"，让农家书屋活起来

围绕书屋改革创新开展志愿服务活动，集聚更多的志愿服务力量服务农家书屋，服务农民阅读。把农家书屋办成道德讲堂、科技讲堂。依托农家书屋这一平台，开展培养良好家风等道德讲堂系列讲座，形成"以良好家风带良好乡风，以良好乡风促党风政风"的崭新局面。先后在中心书屋组织开展了"知党史，感党恩，跟党走"宣讲活动，通过红色课堂、观看《建党伟业》开展生动的爱党爱国教育课。同时，还结合农村精神文明建设，通过组织"讲村史、立村规、唱村歌"主题活动，用社会主义核心价值观凝聚社会正能量、提升群众的文明素养和道德水准、引领良好社会风尚。此外，还依托中心书屋，组织农业科技讲座，包括苗木产业发展、保护地生产、肉牛养殖等内容，通过讲座进行各种农民群众喜爱的图书推广活动，让更多农民在书籍中获取推进产业发展的智慧与力量，更好地为促进乡村振兴积极贡献力量。

5."农家书屋 + 规范化"，打造新时代书屋样板

2019 年建设的羊山镇中心书屋，无论在基础设施，还是在图书配备上，堪称农家书屋中的样板。与之相适应，羊山镇大力推进规范化管理，精心打造新时代新书屋。一方面，配备了兼职管理员，由羊山镇政府文化站站长兼任，定期派管理员到市县图书馆进修学习，不断提升图书管理水平。另一方面，建立健全图书管理及借阅等制度，对图书借阅、图书管理以及书屋开放时间等进行规范化管理，特别是按照图书馆管理模式，对图书进行了统一分类、编号、登记、上架，中心书屋的运转有力、有序、有效。

四 解决留守儿童问题，推动文化扶贫

（一）精准扶贫视角下农村留守儿童教育问题

对乡村教育问题的分析发现，留守儿童教育一直是需要关注和亟待解决的问题，不仅仅是辽宁，全国乡村普遍都存在以下几个问题。首先，家庭教育与父母文化程度的问题。留守儿童缺少家庭观念的引导，父（母）常年在外，没有一起生活的机会和参考案例，导致孩子们的思维总是停留在原始阶段；留守儿童的监护人基本是不识字的爷爷奶奶以及残障父（母），他们给予学龄孩子们的教育基本都是落后的；还有一部分受遗传因素的影响，很多学龄孩子的智力很低。其次，乡村中小学教育引导不规范以及师资力量薄弱，也导致孩子生理和素质教育的缺失很严重，很多学龄孩子有抑郁和自卑的情况；还有很多深受村里游手好闲之人影响，很容易沾染恶习；厌学和逃学甚至退学的情况也很多。这些都将成为未来新农村的隐患。学龄和适龄阶段儿童需要有人正面和积极引导。

（二）对乡村留守儿童文化素养的培训

用身体力行的教育方式引导孩子通过知识改变命运，让孩子了解读书的意义，引导其通过知识、通过教育走自己的人生道路。真正地通过教育拔除穷根，阻断贫困的代际传递。回乡就业，让留守儿童不再"留守"。随着扶贫政策的不断推进，以及广大农村地区经济社会的发展，就业岗位必然相应地增加。留守儿童父母，应当充分了解家乡当地的就业扶持政策，结合自身的专长选择回省、回市、回县、回乡工作，也可以在当地农村自主创业。这样一方面解决了家里的经济来源问题，另一方面也可以兼顾孩子的家庭教育。让社区教育更加精准地对应到农村留守儿童的心理健康及成长需要，村委会要关注留守儿童家庭，特别是由于特殊原因儿童留守的家庭，将政府的有关政策向留守儿童家庭宣讲到位并确保留守儿童家庭能清楚地了解政策内涵。由陆国斌美丽乡村建设工作室策划，陆国斌爱心团队在持续进行的"播撒雷锋的种子"贫困山区留守儿童艺术帮扶文化志愿行动，围绕"扶贫帮困"的主题，以乡村留守儿童为主，在精准脱贫中注入传统文化的精神元素，调动大学生群体以及社会爱心公益人士在乡村振兴中发挥各自的能量。几年来，已深入葫芦岛、朝阳、义县、北镇等地，成立了多个文化志愿服务点，为边远山区的留守儿童开办艺术培训班。邀请全国各地画家写生创作并就地举办展览，打破了只有大城市才有艺术展馆的传统观念。陆国斌美丽乡村建设工作室不仅为宝林村绘制文化墙，还为贫困户修建房屋，更通过文化、艺术辅导为乡村留守儿童开启五彩斑斓的艺术大门，点亮其贫瘠人生路上的艺术梦想。陆国斌老师调动全国各地艺术家的影响力组织采风写生公益创作活动，为宝林村创作反映新时代农村文化建设的文化墙，举办"梨园油画艺术作品展"。美丽乡村顾问为乡村振兴带去新思路，用现代多种艺术传播形式促进乡村振兴。工作室将通过组织画家采风、画展、艺术品拍卖、企业和村民结对帮扶、京东推介会等形式，促进乡村与企业联合。

（三）对农村少年儿童的道德教育

积极开展农村少年儿童暑期社会实践活动，广泛开展"乡村书屋大篷车"农村少年儿童书屋圆梦读书活动。用文化助推精准扶贫，用书香点亮农村儿童幸福未来，是陆国斌爱心团队一贯的坚持。2020 年 5 月，朝阳羊山与省直机关驻羊山镇扶贫第一书记们联合举办的一场主题为"我的书屋我的梦"的农村少年儿童书屋圆梦读书活动在羊山镇小学举行，来自全镇的 100 余名农村少年儿童踊跃参加。播放陆国斌先进事迹宣传片、爱心团队的志愿者们讲述自己的故事，村民以及孩子们深受鼓舞。2018 年在北镇罗罗堡镇张巴村策划组织"国学进乡村"留守儿童诵读国学篇活动，北京实验附属小学校领导现场观摩，留守孩子们与志愿者穿汉服、束发髻，在茅草屋诵读弟子规、论语等。2019 年在葫芦岛建昌县贺杖子乡火石山村举办"国学思想进乡村"活动。陆国斌爱心团队

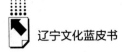

通过身体力行的教育方式感染村里孩子们，扶贫扶志，帮他们树立远大目标和人生愿景。

（四）将留守儿童培养为雷锋式接班人并参加志愿服务协会

陆国斌爱心团队从 2014 年开始，一直注重传统文化教育模式，开启"走进乡村，研学、助养模式"，通过共同学习和生活，培养孩子们的团队协作精神。2018 年在朝阳二十家子镇刘杖子村创建"小小雷锋班"，就地培养 7 名 9～14 岁的少年。寒暑假期间，团队负责人带领"小雷锋们"走出大山，走进博物馆、图书馆，吃住到志愿者家里，让他们开阔视野，珍惜学习机会，用日记记录梦想，积极传递正能量。2019 年爱心团队向葫芦岛市建昌县贺杖子乡火石山村的留守儿童捐赠学习用品和儿童读物以及衣物生活用品；2020 年为北票市上园学校困难学生义务捐赠学习用品和校服；和沈阳市苏家屯区红菱村留守儿童一起度过儿童节。2021 年为辽宁义县大定堡乡学校捐赠爱心读物、学习和办公用品，价值过万元；带领乡村孩子们参加"互帮互助，小雷锋阳光行"活动，山区的孩子们跨县城区域参加帮扶和勉励助学活动。扶贫扶智，更要扶志，他们传递的是雷锋精神，更是播撒革命的种子。

参考文献

顾保国、林岩编著《文化振兴：夯实乡村振兴的精神基础》，中原农民出版社，2019。

杨巧利、马艳红、贾天惠主编《美丽乡村建设》，中国农业科学技术出版社，2018。

顾益康编著《"千万工程"与美丽乡村》，浙江大学出版社，2021。

骆中钊编著《新农村风貌营造》，中国电力出版社，2018。

张继晓主编《美丽乡村与精准扶贫：设计理论与实践论文集》，中国林业出版社，2019。

刘云根、王妍：《美丽乡村建设创新理论与实践》，科学出版社，2019。

刘娜：《美丽乡村空间环境设计的提升与改造》，化学工业出版社，2021。

苏嘉栋：《文化赋能"非物质文化遗产＋"助推乡村振兴研究——以山东省日照市为例》，《北方经贸》2019 年第 2 期。

李栋：《精准扶贫视角下农村留守儿童教育问题探讨》，《新课程·上旬》2019 年第 16 期。

王小娟、许慧敏、黄晓：《基于文化资源观的民间传统体育开发与利用》，《浙江工业大学学报》（社会科学版）2020 年第 2 期。

郑成刚、郑美花：《"民俗文化＋"对乡村振兴的作用》，《广西民族师范学院学报》2019 年第 2 期。

赵淼、张学春：《教育精准扶贫进程中重构留守儿童教育环境——以安徽省为例》，《宿州学院学报》2021 年第 2 期。

陈秋红：《乡村振兴背景下农村基本公共服务的改善：基于农民需求的视角》，《改革》2019 年第 6 期。

朱群永：《脱贫攻坚的管庄路径——宁陵县张弓镇管庄村脱贫攻坚亮点工作纪实》，《决策探索》2018 年第 10 期。

甄敬霞、张磊：《以文化扶贫巩固新疆脱贫攻坚成果》，《中共乌鲁木齐市委党校学报》2020 年第 1 期。

B.8
辽宁文化与金融发展报告

宫 旭 陈 亮 张兆丰*

摘 要: 近年来,我国文化产业繁荣发展,有力地促进了国民经济转型升级和提质增效,丰富了人民群众精神文化生活。然而从区域发展情况来看,辽宁省文化产业增速仍低于全国平均水平。为深入了解辽宁省文化产业发展瓶颈,并提出精准解决方案,本报告在详细论述辽宁省文化产业格局、文化消费水平、企事业单位及产业园区发展情况的基础上,深入剖析了辽宁省当前文化产业发展与金融结合过程中遇到的问题。研究发现,辽宁省文化产业政策倾斜程度不足、文化金融配套政策不完善、各类金融工具实践少、文化企业发展观念陈旧等问题较为突出。针对以上问题,报告提出"金融赋能文化"的整体发展思路,并总结了"打造国家级文化金融示范区""完善文化金融体系及平台建设""健全版权、知识产权的价值评估和交易市场"等8条发展路径,争取切实改善辽宁省文化产业发展现状,为全省经济发展提供新动能。

关键词: 辽宁 文化产业 文化金融

---

* 宫旭,辽宁出版集团有限公司辽宁博鸿投资有限公司高级投资经理、辽宁文化创意产业校地研究院外聘专家;陈亮,鲁迅美术学院教师;张兆丰,辽宁出版集团有限公司辽宁博鸿投资有限公司副总经理、辽宁文化创意产业校地研究院研究员。

一　辽宁文化产业发展状况

（一）文化及相关产业总量水平

2018 年，辽宁文化及相关产业增加值 587.4 亿元，占 GDP 比重为
2.36%。整理辽宁 2011~2018 年文化及相关产业产值情况，在不考虑国家
统计局 2004 年、2012 年、2018 年对文化及相关产业分类影响的情况下，近
年来，辽宁文化及相关产业增加值占 GDP 比重保持在 2%~2.5%水平，与
GDP 水平高度依存，但由于个别年度辽宁 GDP 增长缓慢甚至为负，辽宁文
化及相关产业增加值在震荡中呈上升态势。

我国文化及相关产业始终保持平稳快速增长，增加值占 GDP 比重逐年
上升，2018 年全国文化及相关产业增加值为 41171 亿元，2019 年达到 45016
亿元，较 2018 年增长 9.34%（高于 GDP 增速 7.8%、第三产业增速
9.1%），文化产业增加值占 GDP 比重达到 4.54%。辽宁文化产业发展增速
总体低于全国平均水平。

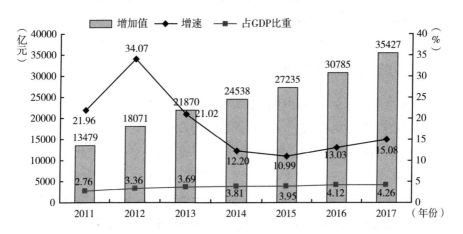

图 1　中国文化及相关产业增加值情况

资料来源：根据历年《中国文化及相关产业统计年鉴》公布数据整理。

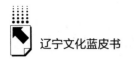

（二）文化产业与三大产业之间的关系

经整理分析，从全国来看文化产业增速远高于第三产业增速，但辽宁在此方面未呈现此趋势。剖析文化及相关产业增加值的第二及第三产业构成，2017年全国文化制造业占文化及相关产业增加值比重为34.8%，但是辽宁的此比重为15%，相反，辽宁的文化批发和零售业、文化服务业占文化及相关产业增加值比重显著高于全国水平（见图2）。

图2 2017年全国和辽宁省文化及相关产业增加值构成

资料来源：根据《中国文化及相关产业统计年鉴》和《辽宁文化产业统计概览》数据整理。

（三）产业格局变化情况

国家统计局将文化及相关产业具体划分为新闻信息服务等9个行业，2017年辽宁文化及相关产业中，增加值占比最高的是内容创作生产（26.9%），占比10%及以上的是文化传播渠道（15.8%）、文化服务生产和中介服务（13.2%）、创意设计服务（12.9%）、文化消费终端生产（10.1%），占比不足10%的是文化娱乐休闲服务（9.8%）、新闻信息服务（6.3%）和文化装备生产（4.7%），文化投资运营（0.3%）占比最小。

（四）文化企业情况

根据第四次全国经济普查和国家统计局公布数据，截至2017年末/2018

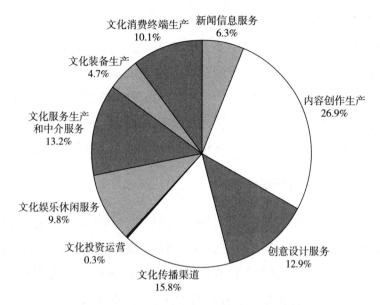

图3 2017年按行业类别分文化及相关产业增加值

资料来源：根据《辽宁文化产业统计概览》数据整理。

年初，辽宁文化及相关产业有法人单位4.4万家（占全国的2.1%），从业人员31.6万人（占全国的1.5%），资产规模总计2971亿元（占全国的1.3%），营业收入1147亿元（占全国的0.88%），其中主营业务收入740.6亿元（占全国的0.78%）。

（五）文化事业投入情况

近年来，辽宁全社会固定资产投资呈减缓态势，而对历年《辽宁统计年鉴》整理分析发现，辽宁文化产业方面固定资产投资约占全省的1%，也呈现减缓趋势。具体而言，2018年全社会固定资产投资额为6890.59亿元较上一年下降33.25%，其中在文化、体育和娱乐业领域的固定资产投资为64.05亿元，占0.93%。在文化、体育和娱乐业的主要行业中，广播电视电影和影视录音制作业、文化艺术业、体育、娱乐业的固定资产投资增速分别为96.3%、−14.7%、−44.5%、−35.0%，可见辽宁文化产（事）业更加重视广播电视电影和影视录音制作业发展，在此领域加大固定资产投资力

度，在文艺娱乐等其他方面减少了投入。

全球疫情期间，辽宁省人民政府颁布了《辽宁省应对新型冠状病毒感染的肺炎疫情支持中小企业生产经营若干政策措施》，尤其对文化及相关产业的中小企业、文化类产业园区、文化项目给予财政补贴、房租减免、减税降费、贷款贴息等大力度扶持。同时，政府在全省范围内累计发放各类消费券、红包等补贴近2亿元，加大文化事业投入力度，保障了文化消费供给。

（六）文化领域消费情况

近年来，辽宁城镇居民、农村居民以及居民整体人均在文化娱乐消费方面的支出水平普遍高于全国平均水平。例如，2019年全国居民人均消费支出21558.9元，其中文化娱乐消费支出848.6元，同时全国城镇居民、农村居民人均文化娱乐消费支出分别为1290.6元、289.1元。相比之下，辽宁居民人均消费支出21398元（全国省区市排名第8），人均文化娱乐消费支出1056.3元（排名第7），同时辽宁城镇居民、农村居民人均文化娱乐消费支出分别为1448.6元（排名第8）、281.7元（排名第12且低于全国平均水平），如图4、图5所示。可见，辽宁文化及相关产业的消费需求旺盛、消费能力相对较强，因此文化供给力度需要加大。

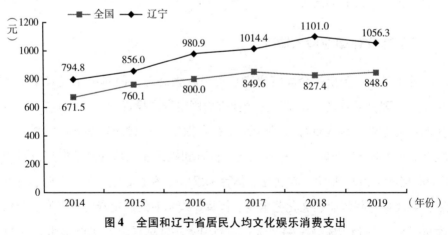

图4　全国和辽宁省居民人均文化娱乐消费支出

资料来源：根据历年《中国文化及相关产业统计年鉴》公布数据整理。

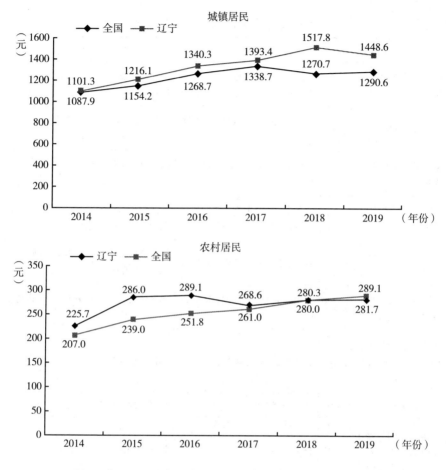

图5 全国和辽宁省城镇、农村居民人均文化娱乐消费支出

资料来源：根据历年《中国文化及相关产业统计年鉴》公布数据整理。

（七）文化产业园区情况

根据前瞻产业研究院公开数据统计，目前辽宁省各地级市各类产业园合计1274个（其中沈阳市438个、大连市318个，其他城市20～70个不等），数量上在全国排名第15位。据粗略统计，全省存在规模不一、占地面积不等的文化类产业园区超过200家，这些产业园区如果能发挥各自作用，将对全省文化金融发展产生巨大社会和经济效能。辽宁省重点文化产业园区情况如表1所示。

表1　辽宁省重点文化产业园区情况

园区(基地)名称	类型	主要业态	描述
沈阳华强文化科技产业基地	市级	创意设计、文化旅游、媒体网络、影视娱乐等	园区建筑面积60万平方米,产值1亿元
沈阳国际软件园	省级	工业软件研发、云计算、物联网、文化创意、基金小镇等	园区建筑面积70万平方米,入驻企业590家,产值400亿元
沈阳国家动漫产业基地	国家级	动漫制作、游戏开发、动漫衍生品等	园区建筑面积3万平方米,入驻企业60家,产值4亿元
沈阳工业大学科技园	国家级	装备制造、新能源、文化及传媒、新一代信息技术等	园区建筑面积2.7万平方米,入驻企业35家,产值35亿元
沈阳1905文化创意园	省级	餐饮、文化酒吧、个性工作室等	园区建筑面积1万平方米,入驻企业40家,产值600万元
沈阳北方文化新谷创意产业基地	省级	图书、游戏、互联网、数字出版等	园区建筑面积2万平方米,入驻企业50家,产值8亿元
大连旅顺口区太阳沟文化产业园区	省级	文化旅游、文化博物馆	园区产值6亿元
大连发现王国	国家级	主题乐园	园区占地面积47万平方米
中国(大连)跨境电子商务综合试验区甘井子园区	国家级	跨境电商	园区规划面积6万平方米
大连冰山慧谷产业园	市级	工业文化、金融服务、智能制造、工业大数据、创意设计	冰山集团和南方建筑设计院共同出资设立了大连冰山慧谷发展有限公司,把老工厂打造成为科技与文化的创新生态圈
鞍山岫岩玉文化产业基地	国家级	工艺品生产、影视拍摄	园区建筑面积9.9万平方米,投资3.8亿元
抚顺沈抚新城文化产业园区	省级	休闲旅游	含皇家海洋乐园、热高乐园、度假酒店、辽沈战役景区等10余个项目,总投资近百亿元

续表

园区（基地）名称	类型	主要业态	描述
抚顺煤精琥珀特色产业园	国家级	工业文化、博物馆、煤精琥珀	含中国琥珀城 1.5 万平方米、煤精琥珀博物馆 3300 平方米、琥珀研究所藏品 475 件精品、古生物化石标本 1350 件
抚顺满族特色文化产业基地	市级	非遗、满族民俗文化、文化旅游	含满族剪纸、赫图阿拉老城、清永陵、满族歌舞等
本溪水洞温泉文化产业园区	市级	文化休闲旅游	累计投资 4000 万元
丹东大孤山文化产业园区	省级	休闲旅游、文化会展、演艺、文化娱乐	占地 4.2 万平方米，总产值超过 5 亿元
丹东凤城大梨村农业生态文化产业园区	市级	农艺体验、影视拍摄	从业人员 300 人，年收入 2000 万元
丹东东港观鸟园海洋湿地文化产业基地	国家级	文化保护、湿地拍摄、鸟类博物馆	建议投资 5000 万元，打造全国海洋湿地观鸟文化产业品牌
锦州古玩城	国家级	古玩、化石、图书、艺术品	4 层，2.6 万平方米
营口乐器产业园	省级	乐器、网络传播	累计投资超过 6 亿元，入驻企业 23 家，年产值近亿元
营口北海新区国家海洋公园	国家级	文化娱乐、婚纱摄影、体育培训、体育赛事竞技	占地 4 平方公里，总投资 20 亿元
铁岭文化产业基地	市级	画廊、民俗文化、文化艺术、新经济	总建筑面积 22.3 万平方米

近年来，辽宁省及沈阳、大连等地级市科技部门大力推进科技成果转化工作，加快建设省市众创空间、大学科技园等科技成果转化载体，组织成立了科技创新孵化联盟。根据《辽宁省落实振兴东北科技成果转移转化专项行动实施方案三年行动计划（2018—2020 年）》，到 2020 年，全省高新技术企业数量达到 4000 家，省级以上高新技术产业开发区达到 20 个，省级以上众创空间达到 280 个，培养和引进 20 名杰出人才、700 名领军人才、700 名青年拔尖人才和 200 个高水平创业创新团队。

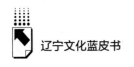

二 辽宁文化金融产业发展情况

金融对文化产业发展的支持是文化与金融结合的关键，具体指文化产业融资的方式和渠道，主要为债权市场、股权市场以及文化交易市场。

（一）债权市场

文化产业债权市场主要由信贷市场和债券市场两部分构成。

1. 信贷市场

商业银行是文化产业信贷市场的主力军，同时为文化及其相关产业发展提供强大的融资保障。文化企业普遍具有轻资产、规模小、高风险、抵质押不足的特点，《银行业支持文化产业发展报告（2018）》显示，银行业创新信贷产品和服务模式，为文化产业发展提供了强有力的信贷资金支持，2013年以来，包括政策性银行、大型商业银行和股份制商业银行在内的21家主要银行针对文化产业贷款余额平均增长率为16.67%，高于同期人民币贷款余额增速2.98个百分点，截至2017年末，21家主要银行文化产业贷款余额达7260.12亿元，保持持续增长的势头。

辽宁虽然没有针对文化产业信贷的具体统计，但从辽宁银行业金融机构本外币各项贷款余额来看，2019年末为49583亿元，比年初增加4484亿元，同比增长10.2%[①]，为辽宁文化产业高质量发展提供稳定资金支持。

2. 债券市场

根据 WIND 资讯数据统计，辽宁近几年由文化企业发行的债券较少，主要有：天神娱乐于2017年1月发行总额为10亿元的公司债（由于天神娱乐经营衰落、资金困难，目前面临债券违约风险）；华录集团于2015年11月和2016年9月分别发行了5亿元的公司债券；文投控股于2016年11月和

---

① 中国人民银行沈阳分行货币政策分析小组：《辽宁省金融运行报告2020》，2020年6月1日。

2017 年 10 月分别发行了 5 亿元的公司债。

企业债券、公司债券具有融资成本低、不会影响企业正常的经营管理等优点。根据 WIND 资讯数据统计,2013 年至今,全国文化产业企业(中国证监会行业分类——文化、体育和娱乐业)共发行债券 135 只,发行金额约 820 亿元,债券市场已经逐渐成为文化企业主要的融资渠道。因此,希望企业债、公司债发行能够得到辽宁政府部门大力支持[①],同时被辽宁文化及相关企业所应用。

3. 其他债权市场

文化保险、文化担保、融资租赁、艺术品信托等为文化企业在经营中的风险提供保障,也提供了多种形式的债权融资渠道。[②] 近年来,我国颁布实施了《关于保险业支持文化产业发展有关工作的通知》《融资担保公司监督管理条例》等相关支持政策,为文化产业提供制度保障。为应对动漫、影视、文创等领域的文化企业轻资产、缺乏抵质押物、评估难等问题,北京、上海、杭州等地创新体制机制出台了多种举措,解决这些中小企业融资难融资贵的问题。辽宁地区的文化保险、文化融资担保等实践成功案例较少,地方专项创新促进政策比较有限。

(二)股权市场

文化产业的股权类融资主要包括私募股权融资、上市首次募集、上市再融资、新三板等渠道。

1. 直接上市

目前,辽宁在国内 A 股主板、中小板、创业板、科创板上市的企业共计 77 家(文投控股注册地在沈阳市苏家屯,由于其受北京文资控股有限公司实际控制,故暂不考虑),其中文化及相关产业的上市公司只有 3 家,市值合计 107.2 亿元(见表 2)。

---

① 例如,北京市国有文化资产监督管理办公室于 2017 年 12 月 26 日发布了《北京市国有文化企业债券发行管理暂行办法》,大力支持文化企业发行企业债。
② 杨涛、金巍主编《中国文化金融发展报告(2019)》,社会科学文献出版社,2019。

表2　辽宁省文化及相关产业的上市企业

单位：亿元

企业名称	主要关联方（实控或前实控）	股票名称及代码	上市时间	公司类型	上市板块	首次募资金额
北方联合出版传媒（集团）股份有限公司	辽宁出版集团有限公司	出版传媒601999	2007年12月	出版发行	上证A股	6.5
大连晨鑫网络科技股份有限公司	薛成标	*ST晨鑫002447	2010年7月	游戏电竞直播（原海参养殖）	深中小板	4.9
大连天神娱乐股份有限公司	朱晔	*ST天娱002354	2014年7月	游戏互联网	深中小板	2.9

2.并购重组（间接上市）

出版传媒作为辽宁省文化龙头企业辽宁出版集团的上市平台，近年来试图通过并购重组实现产业拓展从而摆脱传统主业单一的发展模式，尽管多次将出版社、印刷厂、物资及配送公司等优质资产整合进上市公司，但外延式并购发展在辽宁出版集团内部及外部推动得并不强烈，受自身体制、决策机制、上级审批、过于害怕投资风险等因素影响，始终未能实现纯粹市场化的资本运作突破。表3所示的出版传媒近几年拟收购案例均以终止告终。

表3　近几年出版传媒拟收购案例

上市公司名称	被收购企业名称	被收购企业类型	首次公告时间	是否成功收购	备注
出版传媒	北京世熙传媒、北京鑫华(100%)	电视及视频节目、教育信息化	2017年9月	否	2017年7月3日停牌,9月22日签署了框架协议,11月15日公告由于关键条款未能获得相关主管部门的认可,终止并购
出版传媒	安徽哪吒互娱(100%)	移动游戏运营	2018年7月	否	2018年7月6日首次公告双方签署框架协议,2018年12月7日公告由于资本市场环境及标的公司所处行业监管政策发生变化,终止并购

资料来源：根据上市公司公开披露信息整理。

晨鑫网络原是一家海参养殖公司，自 2016 年 8 月起，通过资产置换及股权收购方式获得壕鑫互联（北京）网络科技有限公司（以下简称"壕鑫互联"）100% 股权成为游戏电竞直播公司。由于受游戏行业监管影响以及自身经营不善，2018 年 8 月上海钜成供应链管理（集团）有限公司最终在与公司实际控制人刘德群的债务处理中获得刘德群持有的公司股票，导致上市公司控制权发生变更，目前晨鑫网络已成为 *ST 股票。

天神娱乐作为一家互联网游戏公司在收购方面特别激进，尤其赶上 2013 ~ 2016 年中国游戏市场快速发展、资本市场崛起，天神娱乐疯狂对外收购，不仅通过上市公司定向增发的形式还巧妙利用并购基金参与。经上市公司公开资料统计，天神互娱 2015 ~ 2017 年三年间通过上市公司定向增发进行对外收购 9 起，共涉及金额 68.28 亿元，其中现金支付 50.25 亿元，股份支付 18.03 亿元，具体情况如表 4 所示。

表 4　天神娱乐 2015 ~ 2017 年通过上市公司定向增发进行的收购

上市公司名称	被收购企业名称	被收购企业类型	首次公告时间	是否成功收购
*ST 天娱	德国 Avazu（100%）	全案互联网广告	2015 年 10 月	是
*ST 天娱	麦橙网络（100%）	数字营销	2015 年	是
*ST 天娱	妙趣横生（95%）	仙侠类游戏研发	2015 年 5 月	是
*ST 天娱	雷尚科技（100%）	休闲类游戏研发	2015 年	是
*ST 天娱	爱普信息（100%）	移动游戏、应用、广告的发行	2015 年 1 月	是
*ST 天娱	一花科技（100%）	棋牌类游戏研发及运营	2016 年 10 月	是
*ST 天娱	嘉兴乐玩（45%）	棋牌类游戏开发及运营	2017 年 12 月	是
*ST 天娱	幻想悦游（93.5%）	海外游戏发行	2017 年 12 月	是
*ST 天娱	合润传媒（96.4%）	品牌内容广告营销	2017 年 12 月	是

天神娱乐通过 4 只并购基金共斥资 21.21 亿元收购的 4 家公司情况如表 5 所示。

表5　天神娱乐通过并购基金进行的收购

并购基金	被收购企业名称	被收购企业类型	首次公告时间	是否成功收购	备注
乾坤问道并购基金	工夫影业(15%)	影视	2016 年	是	对价 2.7 亿元
深圳泰悦并购基金	口袋科技(51%)	棋牌类休闲游戏研发及运营	2016 年	是	对价 10.67 亿元
天神中慧并购基金	微影时代(3.43%)	影视	2016 年	是	对价 4 亿元
深圳浦睿并购基金	嗨乐影视(32%)	影视	2017 年	是	对价 3.84 亿元

在共 13 起并购案中天神娱乐及其基金共消耗现金和股权 89.49 亿元，但是由于资本市场的周期、国家对游戏市场监管从严、自身经营恶化、被并购公司业绩恶化等原因叠加，天神娱乐巨亏，目前已经成为 *ST 股票，高杠杆激进并购带来巨额债务，目前正在进行重组。另外，辽宁本土的文化及相关企业被其他上市公司收并购的案例少之又少，看来除了天神娱乐以外，并购重组并不是辽宁文化类企业发展的主战场。

3. 新三板

截至 2021 年 4 月 16 日，在全国中小企业股权转让系统（新三板）上挂牌的企业共有 7735 家，其中文化及相关企业众多。根据 WIND 资讯数据统计，辽宁在新三板挂牌的企业共 160 家，总市值 685 亿元，与文化直接相关的企业有 11 家，均属基础层（见表 6）。

表6　辽宁省在新三板挂牌的与文化直接相关企业

公司名称	类型	挂牌时间
大连华实教育咨询股份有限公司	文化旅游和文化传媒类	2014 年 6 月
大连北方国际展览股份有限公司	文化会展类	2014 年 8 月
辽宁金三元环境建设股份有限公司	文化主题乐园类	2015 年 1 月
大连博涛文化科技股份有限公司	文化创意及娱乐体验类	2015 年 3 月
大连浩瀚教育咨询股份有限公司	影视开发类	2015 年 6 月
辽宁北国文化投资股份有限公司	新闻财经及文化产业投资类	2015 年 6 月
大连华讯投资股份有限公司	财经及文化产业投资类	2015 年 10 月
沈阳康泰电子科技股份有限公司	音视频多媒体类	2016 年 8 月

公司名称	类型	挂牌时间
大连国域无疆传媒集团股份有限公司	文化基础设施类	2016 年 8 月
辽宁今世界文化发展股份有限公司	电影发行类	2017 年 3 月
辽宁金印文化传媒股份有限公司	出版印刷类	2017 年 5 月

以上 11 家文化相关企业的目前总市值超过 15 亿元，占辽宁省所有新三板挂牌企业总市值的比重为 2.19%，2019 年这 11 家企业的营业收入合计超过 8 亿元。

4. 新四板

辽宁地方性股权交易场所——辽宁股权交易中心（新四板）目前挂牌企业 2333 家，其中文化、体育和娱乐直接相关企业约 46 家，占总挂牌企业比重为 2%。区域性股权交易场所为辽宁文化企业由小做大、逐步规范、走向资本市场提供更多的发展选择。

5. 文化产业基金

（1）大型文化产业投资基金

根据新元文智——文化产业投融资大数据系统（文融通）数据，2013～2019 年 7 年时间，多达 93 只文化产业综合股权投资基金发起设立，这些基金中，有两只辽宁的文化产业基金：①辽宁报刊传媒集团（辽宁日报社）控股的新三板上市公司辽宁北国文化投资股份有限公司联合华盖资本于 2016 年共同打造了辽宁新兴文化创业投资基金合伙企业（有限合伙），首期规模 1.9 亿元，获得了辽宁省引导基金的投入，目前已经累计投资了十余家互联网、教育、阅读、实景娱乐等领域的成长型企业，例如，所投资的视觉像素、向日葵教育、明镜科技等企业发展迅速，将实现较好的投资回报，目前辽宁日报社与华盖资本已经于 2020 年 7 月成立了二期基金；②由辽宁出版集团旗下上市公司出版传媒联合全国大型综合券商国泰君安证券于 2016 年共同打造了辽宁省内第一支国有文化产业创业投资基金——辽宁博鸿文化产业创业投资基金，首期规模 5 亿元，采用双 GP 的管理模式，基金目前投资规模为 5000 万元，投资了生物医药的高科技项目。据了解，目前辽宁出

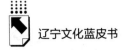

版集团拟与国泰君安证券联合发起二期基金,同时拟在大连发起设立版权专属基金。

(2)文化产业专项资金

财政部每年都通过设立文化产业发展专项资金,支持全国及各地方重点文产项目,其中包括支持辽宁文化产业项目,比如辽宁博鸿文化产业创业投资基金获得2016年文化产业专项资金扶持5000万元。2012～2019年财政部文化产业发展专项资金额度如图8所示。

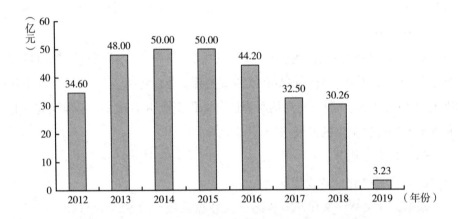

图8 2012～2019年财政部文化产业发展专项资金额度

尽管2019年财政部的文化产业发展专项资金缩减至3.23亿元,但是各省陆续成立地方文化产业发展资金。比如,辽宁从2019年起每年都设立1亿元规模的文化产业发展专项资金,例如新三板挂牌公司辽宁北国文化投资股份有限公司于2020年上半年就获得200万元的省文化产业发展专项资金,用于建设省级国有文化投资及运营平台。

(3)政府引导基金

2016年辽宁成立首只政府创业引导基金,首期规模100亿元,完成直接股权投资项目135个,总投资19.6亿元,批复设立股权基金投资方案23个,完成设立7只子基金,引导基金出资8.75亿元。2019年11月,省政府重新修订了管理办法,出台了《辽宁省产业(创业)投资引导基金管理暂行办法》。沈阳、大连等辽宁重点城市也配有地方引导基金，例如大连市政府于 2017 年 4 月颁布《大连市产业（创业）投资引导基金管理暂行办法》，并成立了首期规模 50 亿元的引导基金。省、市、区多层次的政府引导基金对于辽宁地方文化项目发展起到较大支持作用。

（4）市场化 PE/VC 基金

2017 年起，我国文化产业创投渠道发生融资案例年均超过 100 起，资金规模达到每年 500 亿元。根据辽宁省基金业协会统计，目前辽宁在册股权投资基金约 100 家，但目前缺少对全省文化产业私募股权投资的权威统计，主要由于文化企业的私募股权投资（PE）和创业风险投资（VC 与天使投资），有的以基金形式，有的以直接投资形式，有的以代持形式，有的则是明股实债等，形式灵活多样，PE/VC 已成为文化企业获得资金的重要途径之一。

（三）文化交易市场

1. 北方国家版权交易中心

该交易中心是北方地区唯一的国家级版权交易中心，是由辽宁省人民政府申请，国家版权局批复，国家工商总局核名，于 2018 年在大连金普新区注册成立，由辽宁出版集团旗下的上市公司出版传媒控股、大连德泰控股有限公司参股共同打造。该中心以版权及知识产权的登记、交易、监测、维权、开发等业务为主，面向全国进行版权及知识产权聚集。

2. 中销文化艺术品交易中心

该交易中心是由大连市政府批准设立，由大连再生资源交易所有限公司与长三角商品交易投资控股管理有限公司共同注资，隶属于中国供销集团旗下的综合性文化艺术品交易平台。该平台将文化产业发展与金融创新相结合，利用"交易所平台＋电商平台＋物流平台＋技术平台＋研发平台"的聚合优势，为企业提供快速便捷的"电子商务＋物流配送＋信息服务"的"一站式综合服务"。

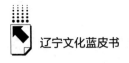

3. 辽宁沈阳文化产权交易中心（沈阳文交所）

沈阳文交所于 2010 年 5 月由沈阳联合产权交易所投资创立，是以文化产权、股权、物权、债权等各类文化产权以及专利权、商标权、科技成果等各类知识产权为交易对象的专业化、权益性资本市场平台，是文化领域多层次市场的重要组成部分，是辽宁省委宣传部、沈阳市委宣传部支持的政府授权交易平台。2011 年沈阳文交所进行了股份制改造，实现了国有控股，股权结构多元化。沈阳文交所主要经营范围：为文化创意、影视制作、出版发行、印刷复制、广告、演艺娱乐、文化会展、数字内容和动漫等文化领域资产所有权、经营权、收益权及相关权利转让，专利权、著作权等知识产权转让提供政策咨询、信息发布、组织交易、产权鉴证、资金结算交割等综合配套服务。

4. 辽宁当代艺术品产权交易中心

该交易中心是经辽宁省人民政府批准设立，辽宁省委宣传部和辽宁省政府清理整顿小组审批通过，于 2013 年成为辽宁首家取得政府批文的文化产权交易中心，是以文化艺术品、影视 IP、非遗、传统文化为内容，以文化艺术品为标的物的产权和物权交易平台，旨在用创新的资本运作方式繁荣我国文化艺术品交易市场，推动我国以文化艺术品、影视、非遗及传统文化为内容的文化艺术品市场的规范化、规模化、国际化发展；是集文化产权交易、文化企业孵化、文化产业信息发布为一体的专业化综合性服务平台，以产融联动的方式，对影视衍生品等文化艺术产品通过金融创新手段进行发现、挖掘、提升文化价值。

三 辽宁省推动文化与金融发展的政策举措

文化产业是经济社会发展的内容和魂魄，是地方推动创新驱动的发展战略和调整产业结构的重要领域，文化产业的发展离不开金融的支持和资本市场的构建。我国经济发达地区出台了一系列鼓励金融资本发展文化产业的政策举措，例如，北京市相继出台了一系列深化与完善文化创意产业投融资体系的政策措施，先行探索文化金融融合发展模式，促进金融产品、服务模式的创新，尤其出台了针对性很强、操作性很高的各专项实施细则；广州市积极创建国家级的文化与金融合作示范区，主动创新发展的体制机制和服务模式，在示范区内试行包括资金、财税、土地、人才在内的文化金融融合发展的优惠政策，吸引文化融资担保、文化融资租赁、文化投资基金、文化保险等集聚发展，鼓励文化企业上市直接融资；南京市出台了一套金融支持文化产业发展的政策，包含综合类、文化银行类、风险补偿资金和文化信贷类、文化基金和股权投资类、金融服务类、文化专项资金类、文化科技金融类等，制定和执行了系统化的文化金融政策集群。

辽宁作为文化大省，发展文化产业有自身的特点和实际情况，近年来陆续出台了一系列政策文件，不断加大对发展文化产业的支持力度，效仿发达地区成功模式，逐渐加强金融与文化产业的合作与创新。辽宁省支持文化与金融发展的有关政策大部分都在一些整体性、规划性文件中，专属的政策情况主要如表7所示。

表7 辽宁省支持文化与金融发展专属政策

出台时间	政策名称	政策主要内容和目标
2010年9月	《辽宁省文化产业振兴规划纲要》	开始规划辽宁地方特色的现代文化产业发展新格局
2014年8月	《辽宁省人民政府关于推进文化创意和设计服务与相关产业融合发展行动计划》	培育新的经济增长点，创建"创新型大省"，提升辽宁省文化软实力和产业竞争力
2015年9月	《辽宁省人民政府关于发展产业金融的若干意见》	全面推动金融业服务经济社会发展，通过改革驱动、创新驱动、市场驱动和开放驱动，建设产业金融服务体系，提供专业化、综合性金融服务，为产业结构调整和转型升级提供适用的金融解决方案
2016年9月	《辽宁省文化改革发展"十三五"规划》	按照《"十三五"国家战略性新兴产业发展规划》和《"十三五"时期文化产业发展规划》的总体部署，全面推动辽宁省文化产业快速发展，努力实现建成文化强省的发展目标

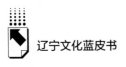

出台时间	政策名称	政策主要内容和目标
2017年3月	《关于进一步提高金融服务实体经济质量的实施意见》	针对全省金融领域还存在的直接帮助企业解决融资难的方法不多、多种渠道利用不充分、社会机构利用不足等问题,该意见探索建立符合市场化原则,直接服务企业并缓解融资难的工作体系
2019年4月	《辽宁省众创空间备案管理办法(试行)》	众创空间是辽宁省科技孵化服务体系的重要组成部分,是促进科技成果转化和技术转移的重要路径之一;加快全省众创空间建设和高质量可持续发展,营造良好的创新创业氛围
2019年7月	《辽宁省文化产业发展专项资金管理暂行办法》	省财政设立文化产业发展专项资金,为规范专项资金管理,充分发挥财政资金的支持和引导作用,推动全省文化产业加快发展、高质量发展
2019年10月	《辽宁省人民政府关于推动全省文化产业高质量发展的若干意见》	以供给侧结构性改革为主线,以重点行业、重点企业、重点项目、重点园区(基地)建设为着力点,完善扶持政策,优化发展环境,推动文化产业加快发展、高质量发展,为建设文化强省,推进辽宁全面振兴、全方位振兴做出新贡献

四　辽宁文化与金融发展的问题研究

（一）辽宁文化产业占比偏低,文化金融土壤贫瘠

通过对辽宁文化产业发展现状分析,全省的文化及相关产业在国民经济中的一些指标仍然较低,产业整体规模偏小,集约化程度较低,特别是文化产业增加值相对全国的增速比较靠后,文化法人单位及企业规模落后于全国水平,区域发展不均衡,市场主体仍缺乏活力,文化资源优势还没有转化为产业优势,全社会对文化产业的重视程度不够。

辽宁省向来以工业立省,产业资源、政策资源、金融资源多向现代制造业倾斜，近年来围绕工业 4.0、工业互联网、"新基建"逐步实现转型升级。对文化产业虽开始重视，但常年来形成的重资产形态具有巨大负担，使产业结构的调整步履艰难。

表8 2018 年全国 31 个省（区、市）文化及相关产业增加值

单位：亿元，%

省（区、市）	增加值	占全省 GDP 比重
广东	5787.8	5.79
江苏	4657.1	5.00
浙江	3813.0	6.57
北京	3075.1	9.29
山东	2528.0	3.79
上海	2193.1	6.09
河南	2142.5	4.29
福建	2055.1	5.31
湖南	1836.1	5.05
湖北	1779.7	4.24
四川	1706.0	3.98
安徽	1537.3	4.52
重庆	864.6	4.00
江西	854.0	3.76
河北	845.6	2.60
陕西	723.0	3.02
云南	622.4	2.98
辽宁	587.4	2.50
天津	573.8	4.29
广西	448.3	2.28
贵州	446.6	2.91
内蒙古	350.2	2.17
山西	344.0	2.16
新疆	258.2	2.02
黑龙江	187.4	1.46
甘肃	178.2	2.20
吉林	175.8	1.56
海南	161.3	3.28
宁夏	90.4	2.58
西藏	73.7	4.76
青海	49.4	1.80

辽宁文化蓝皮书

（二）文化金融产业的顶层设计和配套政策仍有待完善

目前，辽宁省鼓励文化产业发展的政策体系尚不完善，统筹协调的管理机制尚未形成，相比国内文化产业发达区域，辽宁的支持政策较少。经过对全省文化及相关企业的调查了解，辽宁支持文化的相关政策中有些太笼统、缺少实施细则，无法真正落实，且具有创新意识的政策少之甚少。

一些政策在实施过程中行政人员专业度不够、思维开放性不足、基础服务意识欠缺等导致文化项目发展受阻，政府有关文化部门的机构和职责调整以及主管领导的经常变动，影响政府对文化产业发展相关支持的连贯性。总体上，辽宁有关政府部门对文化产业的顶层谋划不足，缺乏用市场的眼光、市场的机制来经营文化、发展文化的意识，创新能力不足、技术手段和管理手段落后。相比之下，广东、江苏等文化金融产业发达省份，近年来连续出台极具针对性的文化金融扶持政策，南京市甚至出台系列文化金融政策体系，大力促进文化产业发展，如表9、表10所示。

表9　南京市发布的与文化金融相关的主要政策文件

政策类别	政策名称
文化金融综合类	《南京市文化产业投融资体系建设计划》
	《南京市创建"全国文化金融合作试验区"工作方案》
	《江苏省文化金融合作试验区创建实施办法（试行）》
综合金融类	《南京市融资担保风险分担试点工作实施办法》
	《南京市融资性担保业务补助实施办法》
文化银行类	《关于鼓励和促进文化银行发展的实施办法（试行）》
	《南京市文化银行综合考核实施办法》
	《关于授予工商银行新城科技支行等五家单位"南京文化银行"的通知》
	《关于授予江苏紫金农村商业银行科技支行和招商银行南京分行城东支行"南京文化银行"的通知》
风险补偿资金和文化征信贷类	《关于设立"文化征信贷"风险补偿资金池的通知》
	《关于"文化征信贷"风险补偿资金比例调整的通知》

政策类别	政策名称
贷款利息补贴类	《关于下达 2014 年上半年文化企业贷款贴息资金的通知》
	《关于下达 2014 年下半年南京市文化银行贷款利息补贴的通知》
	《关于下达 2015 年南京市文化银行贷款利息补贴资金的通知》
	《关于下达 2016 年下半年南京市科技银行和文化银行贷款利息补贴资金的通知》
	《关于拨付 2016 年下半年南京市科技银行和文化银行贷款利息补贴资金的通知》
	《关于拨付 2017 年南京市科技银行和文化银行贷款利息补贴资金的通知》
	《南京市科技(文化)银行贷款利息补贴、增量补贴和风险代偿操作细则》
	《关于拨付 2017 年南京市科技银行和文化银行贷款风险代偿资金的通知》
	《关于开展 2018 年南京市科技银行和文化银行贷款利息补贴申报工作的通知》
	《关于开展 2018 年南京市科技银行和文化银行贷款风险代偿申报工作的通知》
基金与股权投资类	《南京市文创天使跟投引导资金管理暂行办法》
	《南京市小微企业应急互助基金实施暂行办法》
	《南京市新兴产业发展基金实施方案(试行)》
	《南京市关于扶持股权投资机构发展促进科技创新创业的实施细则(试行)》
	《南京市级科技创新基金实施细则(试行)》

表 10　广州市特色文化金融发展相关政策

年份	政策法规名称
2016	《关于加快动漫游戏产业发展的意见》
2017	《广州市推进文化创意和设计服务与相关产业融合发展行动方案(2016—2020 年)》
2017	《广州市促进商旅文融合发展工作方案》
2017	《广州市推进文化金融融合发展的实施意见》
2018	《广州高层次金融人才支持项目实施办法(修订)》
2018	《广州市人民政府办公厅关于加快文化产业创新发展的实施意见》
2019	《关于支持广州区域金融中心建设的若干规定(修订)》

（三）金融支持文化产业发展的应用实践仍存在较大空缺

根据对辽宁省文化与金融发展的研究，可以发现辽宁金融支持文化产业的应用不够深入，相对于经济发达地区，利用债券、文化担保、艺术品信托、融资租赁等金融工具的实践太少，金融创新驱动能力不足，文化与金融融合的基础配套体系不完善，专业文化金融人才缺乏，具体表现在以下几

方面。

1. 文化与金融融合的结构不平衡

现有金融机构偏向于固定资产类文化企业，金融机构各类贷款更倾向于面向大型企业集团和传统资产型文化产业，文化艺术设施、文化旅游景点类项目受到青睐。资金回笼快的文化会展项目以及设备采购类的文化产品生产项目能够得到相应支持，但数字动漫游戏、教育培训、设计服务、传媒等中小文创类项目、新兴文创项目就难以通过信贷指标考核，较难获得相应的金融支持。

2. 民营文化企业融资难

国有文化企业由于有政府作强有力支撑，因此商业银行或者是第三担保方都认为国有文化企业相较于民营文化企业债务的偿还具有较高的保证度；另外国有文化企业拥有复杂的股东控制链，一个国有文化企业往往拥有众多的子公司或是关联合作企业，这些关联企业常常存在相互担保的行为，国有文化企业想要获得担保贷款也更加容易。以国有和民营文化上市企业中明确报告贷款利率的数据为样本进行对比分析发现，民营企业的贷款利率显著高于国有上市公司。这说明商业银行等金融机构更愿意向国有文化企业贷款，民营文化企业融资难度、贷款利率都远高于国有文化企业。

3. 复合型文化金融人才缺乏

文化金融是一个新兴的业态，跨越了文化产业和金融业多个部门，新问题、新情况层出不穷，甚至问题的复杂、困难程度已经超出了问题本身，亟须进行创新突破。但目前看来，虽然辽宁是教育大省，大专院校比例在全国排名靠前，但专业化文化金融人才不仅总量缺乏，而且人才结构不合理，文化产业人才往往不懂金融，而金融人才又不熟悉文化产业。

4. 缺乏多元化、有效的文化金融服务体系

当前文化企业融资对银行渠道的依赖性很大，渠道比较单一。在文化企业缺乏无形资产评估、银行对企业了解不够、有针对性的金融产品创新缺乏的情况下，企业融资难是必然结果。其进一步反映的问题是目前文化产业金融支持还未建立有效的多元化融资服务体系。

（四）文化企业（单位）盈利水平低，发展观念仍比较传统

龙头企业对产业发展的带动作用十分明显，但是辽宁的文化及相关产业缺乏真正的龙头企业，地方性大型文化企业的总体规模仍然不大，发展模式仍比较单一，尤其国有文化相关企业仍停留在规划布局阶段，实际业务发展受到国有审批流程、决策机制和自身经营观念的束缚，市场化高级管理人才缺乏，盈利能力和经济效益未能实现突破，与国内知名的文化企业相比，辽宁的文化相关企业市场化运作水平提升工作任重而道远。

以辽宁唯一的主板上市国有文化龙头企业出版传媒（601999）为例，近期财务报告显示，其各项核心盈利指标均居全国同类出版企业较低名次，其中净利润和增长率均为最后一位，和南方发达省份相比差距不断增大（见表11）。

表 11　全国出版传媒业上市公司 2020 年半年报主要指标

单位：亿元，%

上市公司	营业收入	增长率	净利润	增长率	总资产	增长率
凤凰传媒	54.27	−12.27	8.35	−5.89	240.33	0.88
中文传媒	49.48	−16.75	8.59	−4.06	258.72	13.40
中南传媒	41.31	−5.37	6.37	−4.71	223.44	2.47
大地传媒	39.28	−5.40	4.08	11.70	130.05	3.01
山东出版	38.13	−8.91	4.52	−40.68	156.06	−3.35
皖新传媒	37.49	−15.48	4.65	7.35	145.55	3.41
新华文轩	36.06	−6.92	5.80	0.13	155.12	1.22
长江传媒	30.79	−10.87	4.74	−2.94	105.02	−2.93
时代出版	27.37	−10.34	1.07	−30.60	67.37	−1.25
南方传媒	25.20	−3.20	1.97	−49.49	112.49	4.69
城市传媒	10.30	−7.57	2.01	−8.95	42.53	4.38
中国科传	9.79	−5.47	1.33	−3.57	57.17	1.81
出版传媒	9.51	−21.79	0.07	−86.08	36.56	−0.88
新华传媒	5.22	−14.22	0.09	−51.20	40.23	1.12
天舟文化	3.78	−28.96	0.43	−42.80	39.13	−1.00
读者传媒	3.75	40.79	0.26	10.87	20.77	1.12

形成如此差距的主要原因是南方发达省份上市公司在 2013 年起充分利用了金融手段和上市公司资本运作平台功能，通过并购手段跨文化产业前沿子行业不断做大做强，例如中南传媒收购大唐辉煌（影视公司），中文传媒收购智明星通（游戏）等，这些新兴企业的并购不仅带来业务新的增长点，同时也带来先进的市场化运作理念，为传统文化国有企业带来了全新的发展契机。

以辽宁卫视为例，作为全国地方卫视最早改革的单位，近年来收视率逐步下滑到全国四线卫视水平（见表 12）。在电视行业最核心的收入指标——广告收入这一项上，一线的湖南卫视、浙江卫视、江苏卫视的广告收入早已超过或接近 100 亿元，而辽宁卫视不足 3 亿元。

表12　2019 年上半年度各大省级卫视收视排名

单位：%

排名	频道	收视率	市场份额
1	湖南卫视	0.242	2.7
2	浙江卫视	0.222	2.48
3	上海东方卫视	0.208	2.32
4	江苏卫视	0.204	2.28
5	北京卫视	0.197	2.19
6	湖南电视台金鹰卡通频道	0.111	1.23
7	安徽卫视	0.091	1.01
8	北京卡酷少儿频道	0.090	1.01
9	深圳卫视	0.083	0.92
10	天津卫视	0.081	0.90
11	黑龙江卫视	0.080	0.89
12	山东卫视	0.079	0.88
13	广东卫视	0.074	0.83
14	辽宁卫视	0.057	0.63
15	湖北卫视	0.056	0.63
16	江西卫视	0.049	0.55
17	重庆卫视	0.049	0.54
18	四川卫视	0.042	0.47
19	山西卫视	0.038	0.42
20	内蒙古卫视	0.035	0.39

辽宁省的文化类企业发展情况不太乐观，国有文化企业主业单一、经营过于保守、经营水平较低，因此不能在全省起到表率和带头作用，民营企业个别过于激进（例如天神娱乐）、大部分过于传统且不能得到政府和金融资本的真正扶持从而无法走出发展困境。

五　辽宁文化与金融发展的建议

发展全省文化产业是利在当下、功在千秋的大工程，需要用金融赋能文化，用金融推动文化，用金融承载文化，源源不断地为地方经济快速扩张和迅猛发展提供新动能，全省全社会都要进一步深化改革，解放思想，转变观念。[①]

（一）做好顶层设计，全力打造国家级文化金融示范区

文化与金融发展具有公共性、全局性、前瞻性，需要有大格局、大手笔、大发展。辽宁省各级政府需要按照《辽宁省文化改革发展"十三五"规划》和《辽宁省人民政府关于推动全省文化产业高质量发展的若干意见》有关要求，统筹全面深化改革部署和安排，做好顶层设计，加快文化领域供给侧结构性改革，健全现代文化产业体系和市场体系，优化文化与金融产业结构布局，在全省全力打造国家级文化金融示范区，充分尊重文化金融发展的规律，以示范区创建为契机，主动作为，推出既突出特色，又具有可操作性、可复制、能落地的经验做法，形成一套具有辽宁特色的文化金融融合发展的体制机制和服务模式，不断完善文化与金融发展服务体系，在全省范围内大力推进创建国家级文化金融示范区，不断提高文化金融融合创新水平，助力辽宁文化产业全面高速发展。

[①] 李晓南、安娜：《辽宁省文化产业发展现状及对策研究》，辽宁社会科学院 2018 年院级课题"深化东北地区文化供给侧结构性改革与老工业基地文化资源的保护利用研究"。

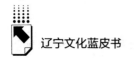

（二）坚持统筹规划，加强组织领导

发展文化与金融产业，各级政府及相关部门需要站在战略性高度组织全省文化相关及统计部门构建辽宁文化与金融发展标准体系。一方面，精细做好文化产业、文化与金融发展相关的指标设计和统计工作，公开全省文化事业投入情况，激发全社会对辽宁文化产业实际情况的了解、研究；另一方面，规划文化与金融发展的战略和目标，做好制度设计，保障文化与金融发展的制度供给，形成各细分领域的专门设计，确保文化与金融发展的有序推进、落地。政府应加强组织领导，牵头建立全省文化与金融发展领导小组，制定措施，细化分工，有组织有计划有步骤地抓好发展目标及重点任务的落实，协调解决文化产业发展中的具体困难和问题；组织相关部门、企业代表、各类金融机构代表、科研院所、专家学者等组成顾问团队，为全省文化产业发展建言献策，提供专业意见。

（三）优化调整文化产业结构，加强基础服务设施建设以及生态环境治理

辽宁文化与金融发展在总体规模、增长速度、细分行业占比、文化企业数量及规模、文化事业投资投入等方面与全国乃至发达地区相比仍有差距，要以提升文化产业占全省经济的比重为首要目标，力争在"十四五"期间文化产业占全省 GDP 比重超过8%，全力推动全省经济结构调整。需要深度结合辽宁工业文化、地域文化积累的资源和优势，大力发展文化与金融及相关服务业，打造具有影响力的品牌名片，推进文化产业结构调整和优化升级。一是要顺应实施创新驱动发展战略需要，深入实施"互联网＋"行动，积极运用新兴传播技术，加快发展新型文化业态，推动文化产业转型升级；二是要大力支持各类文化企业的设立和发展，全面提高文化法人单位数量和质量，形成公有制为主体、多种所有制共同发展的产业格局；三是要实现省内文化产业资源向本土文化企业倾斜，用金融手段实现企业兼并重组，加快培育一批有实力、有竞争力的骨干文化企业，力争在"十四五"期间增加

10家以上境内外上市文化企业；四是进一步加强内容创作生产、文化传播渠道、文化服务生产和中介服务等省内占比较高的文化细分领域发展，推动其做大做强做优，同时支持和推动新闻信息服务、文化装备生产以及文化投资运营企业快速发展；五是做好公共服务，深入推动"双创"战略，扶持文化及相关小微企业创新创业活动。同时，及时响应市场需求，做好政策调节和配套服务，加强文化产业园区、交通、医疗、教育、通信等各项基础服务设施建设以及生态环境进一步治理，最终形成具有辽宁特色的文化与金融产业生态。

（四）完善文化金融体系及平台建设，推动文化与金融各主体参与的创新发展

金融在文化产业创新驱动发展中具有不可替代的强大支撑带动作用，[①] 推进文化与金融创新发展，政府和金融机构、社会资本需要大力快速推动全省文化与金融全面融合，引导和带动金融业加大对文化产业的支持力度，加强文化与金融结合的真正实践。

1. 政府方面

一是需要将文化金融纳入全省金融改革的大盘子，明确文化银行的管理和服务要求，并从风险补偿、贷款利息补偿、贷款担保补偿等方面给予政策扶持；二是支持完善文化金融体系建设，使科技金融政策适用于文化金融产业，建设文化金融服务中心，搭建文化金融债权担保、股权投资、综合服务、文化贸易、创新奖励、多层次产权交易及资本市场等多个平台；三是需要创新财政对文化投入的方式，例如增加文产专项资金投入、扩大引导基金规模、文化产业债转股等方式，促进并引导金融体系及各类资本参与文化金融产品的创新过程；四是需要通过资金引导，带动社会资本、金融资本参与文化科技相关领域的研发和产业化；五是需要通过各项政策鼓励各类金融机构搭建文化融资服务平台，为优质文化企业提供创业投资、贷款担保和银行

---

① 张洪生、金巍主编《中国文化金融合作与创新》，中国传媒大学出版社，2015。

融资等服务。

2. 金融机构方面

一是需要积极拓宽文化产业融资渠道，加强金融创新和金融服务能力建设，加大对文化企业的有效信贷投入，实行贷款贴息和贷款增量补贴政策，增加支持文化小微企业金融服务，调动中小微文化企业积极性，为文化产业发展提供多样化的融资渠道和全产业链的金融服务；二是银行、保险、证券和信托等金融机构需要全力指导文化企业进入信贷、企业债、融资租赁、担保、信托业务、基金、股权融资、企业上市等金融和资本市场；三是建立文化信贷的贷款风险补偿机制，省内文化企业贷款所发生的损失，由风险金和文化银行共同分担；四是关注产业链、供应链和价值链，使文化产业各个节点的融资、信用、风险、价格、增值等各种金融需要得到满足，金融服务产品通过传统手段和现代互联网手段（如线上供应链金融）实现贯通。

3. 社会资本方面

一是需要将金融资本和产业资本通过参股、持股、控股、基金投资、PPP等方式对文化产业进行内在融合，支持多元化主体参与，推进文化产业的股转债、债转股、兼并重组、境内外上市等资本运作创新；二是支持建立文化产业发展的投融资风险补偿和分担机制，推进投贷联动，发挥资本的带动作用，使审计、法律、评估、交易等各类服务机构积极参与到发展文化产业中来；三是将制度、管理、文化、人才、技术、知识，与互联网金融、文化资源、版权问题进行结合，实现文化与金融产业在文化旅游、体育、电子竞技、互联网经济、智慧教育、智慧城市等各领域的外循环发展。

4. 加强政策保障支持

发展和壮大文化产业需要政策先行，这就要求辽宁省高站位、全体系建立文化与金融发展的政策保障体系，实现财政政策、金融政策、土地政策、人才政策、产业政策等有机衔接。需要更加注重实效，保障满足文化产业发展的财政、税收、银行、土地、信托、保险、基金等政策供给，杜绝形式主义，及时做好政策调整和配套服务，及时出台各项政策的实施操作细则，确保各项文化相关支持政策落地落实，推动全省文化与金融高质量全面发展。

首先，针对文化与金融发展的支柱行业、重点领域、重要平台、重点工程项目，相关政府部门需要出台税收优惠、费用减免、业务奖励、贡献返还等具体的扶持政策，大力支持保障其高水平发展。

其次，针对文化与金融发展中出现的新技术、新产品、新业态、新模式，区分不同情况，积极探索和创新适合其特点的支持和监管方式，既要有利于营造公平竞争环境，激发创新创造活力，又要进行审慎有效监管，防范可能引发的风险。

然后，针对发展文化与金融产业物业和用地需求，为省内有条件的重点区域和重要项目提供优惠或免费物业，做好产业嫁接，鼓励以划拨方式利用盘活存量房产发展文化与金融产业。保证科技含量高、经济效益好、资源消耗低、环境污染少的文化产业项目用地指标，盘活存量土地和闲置土地，加强用地管理，清理、调整低效能企业占地，转变土地利用方式，提高土地利用效率。

最后，针对文化金融人才，要出台更加积极有效和精准的文化金融人才相关政策，要责成文化产业监管部门将吸引和支持文化金融人才作为年度绩效考核目标，设计专项基金支持和奖励文化金融机构及高管人才并逐步拓宽人才覆盖范围。同时，陆续引进国际国内知名文化金融论坛、文化金融研究院、文化金融协会等智库和社会组织，不断提升辽宁省文化金融的智力资源水平。

（五）组建辽宁文化产业投资平台

目前，我国很多地区设有文化产业投资平台，例如陕西文化产业投资控股（集团）有限公司、北京市文化投资发展集团有限责任公司、山东省文化产业投资集团有限公司等。发展较好的区域文化产业投资平台都是"政府主导、龙头企业引领"，普遍具有特征明显、针对性强的发展定位，通过整合地方文化产业，主要借助资本运作手段与金融深度结合，发挥产业集群优势、实现发展活力、大力助推地方文化产业发展。建议组建辽宁省文化产业投资平台，注入并整合全省优质文化资源、股权、资产，开展基金投资、直接股权投资、文化金融投资、文化功能投资、文化内容投资和业务拓展，

最终使之发展成为辽宁乃至全国文化资源的整合平台、文化品牌的创建平台、重大文化项目的投融资及实施平台、文化基金管理运营平台、文化资本的集聚运营平台、文化金融服务支持平台、文化贸易服务平台。

（六）支持在各重点领域打造文化金融产业园区

文化产业园区是地域文化沉淀、文化企业孵化和成长、文化人才集聚发展、文化扶持政策集中实施的重要载体。辽宁省各地市文化产业园区已初具特色和总量规模，但相比全国仍处于中等偏后水平。需要按照创新优园、名人立园、名企强园的思路，实施文化金融空间载体建设提升工作，推动文化金融产业专业化、特色化、规模化、品牌化、集聚集约发展。

首先，再造提升一批。通过政策引导，鼓励具备条件的文化金融产业园区/基地，积极引进名人、名企和知名运营团队，突出特色，发展文化金融各相关业态，优化园区/基地的产业生态环境，搭建培训孵化、金融服务、知识产权转化、公共技术研发等服务平台，完善服务功能，打造文化金融各领域的园区/基地品牌。

其次，培育做强一批。支持全省各地市现存的文化与金融相关产业园区发展，落地扶持政策，做好服务配套，同时要注重开源节流，杜绝铺张浪费，抵制形式主义、拜金主义，要真正依托自身品牌和基础，深耕文化与金融融合发展，打造文化金融产业航母。

最后，引进发展一批。依托全省文化金融的众创空间、产业基地等空间载体，策划一批重点文化金融招商项目，引进战略投资者和文化金融领军团队，开发建设一批高端的文化金融各业态集聚的产业园区/基地，吸引国内外文化金融总部企业和机构集聚发展，带动全省文化产业向高端化发展。

（七）建立健全版权、知识产权的价值评估和交易市场

文化产业是创意与创新高度集中的产业，版权和知识产权是文化要素和文化价值的重要载体，是企业、产业以及全社会的重要的无形资产，我国经济社会从粗放到精细发展，全社会都越来越重视版权和知识产权。较全国而

言，辽宁的文化产业创新和保护相对薄弱，在此阶段建立健全版权、知识产权体制机制，能够快速集聚文化及相关产业，提升区域文化产业科学治理能力，在全社会形成文化影响力。需要在游戏、动漫、影视、出版、文学、演艺等文化相关各领域加强版权及知识产权意识，大力支持在全省开展全版权（包括工业设计、文字作品、美术作品以及图片、音乐、视频等数字版权在内的各类一般作品著作权、计算机软件著作权）和全知识产权（包括商标、专利、地理标志等）的登记、交易、评估、监测、维权及开发，鼓励面向全国进行版权及知识产权聚集。依靠版权及知识产权作为文化企业抵押、质押股权和金融对接的重要途径，支持在全省建立权威的版权、知识产权价值评估和交易平台，探索在银行、保险、投资、交易所等各类金融机构间实现相互认证、衔接和兼容，需要完善各个系统的版权交易市场的评估、定价、挂牌、竞价流程，建设全省文化价值的计量体系、评估服务体系和交易体系。

参考文献

杨涛、金巍主编《中国文化金融发展报告（2019）》，社会科学文献出版社，2019。

中国人民银行沈阳分行货币政策分析小组：《辽宁省金融运行报告2020》，2020年6月1日。

李世举：《辽宁文化产业的比较优势与发展对策》，《新闻界》2012年第2期。

李晓南、安娜：《辽宁省文化产业发展现状及对策研究》，辽宁社会科学院2018年院级课题"深化东北地区文化供给侧结构性改革与老工业基地文化资源的保护利用研究"。

张洪生、金巍主编《中国文化金融合作与创新》，中国传媒大学出版社，2015。

B.9
辽宁文化与科技融合发展报告

刘雨涵*

摘　要：　辽宁省为响应国家号召，在近几年对全省文化科技融合发展提供
了政策措施、资金、技术、人才等方面的支持，引导和促进数字
文化产业发展，目前已颇见成效。从数字公共文化服务平台建设
到博物馆数字化管理，从人工智能技术开发到 VR、3D 技术应
用，辽宁文化领域的各行各业纷纷插上科技的翅膀，展现了科技
对文化发展的持续推动力。但与南方一些经济发达地区相比，辽
宁省的文化科技融合无论在规模上还是发展速度上依然落后，文
化和科技的融合力不足。据此，本报告从创新链、产业链、金融
链、人才链方面提出了改善思路，从而促进辽宁文化科技融合
发展。

关键词：　辽宁　文化科技　文化产业

一　辽宁文化与科技融合现状分析

现代信息技术、网络技术、数字化及通信技术的发展，文化与科技之间
交融密切，催生数字媒体、数字出版、社交网络等新文化业态，人们的生活
方式也随之发生改变，网络视频、在线阅读、移动位置服务、网络社交等新
服务进入日常生活领域，成为人类生活不可或缺的组成部分，文化科技融合

---

* 刘雨涵，鲁迅美术学院人文学院教师，研究方向为艺术学理论。

成为文化生活发展的一种必然趋势。《中国文化产业发展报告2021》中2020年中国文化产业的十大关键词，包括文化数字科技、文化大数据、文化扶贫、文化经济双循环、盲盒经济、国漫探索中国道路、RCEP促文化经济、文创联名、破圈层作品和文化遗产活化，这些关键词多与文化、科技发展相关，产生于"文化＋科技"双轮驱动之下。加深文化与科技融合在促进文化传播、科技创新、经济发展等方面有重要作用。

为了促进文化科技融合，形成众多新的增长极，促进各行各业发展，带动文化业态繁荣，辽宁省高度重视文化和科技融合创新工作，2020年6月，专门出台了《辽宁省关于促进文化和科技深度融合的实施意见》，深入贯彻落实科技部等六部门印发的促进文化和科技深度融合的指导意见，在顶层设计、关键技术研发、创新体系建设等方面开展了一系列工作，依托辽宁文化特色和底蕴，通过科学技术赋能文化发展，全面推动辽宁省文化事业和产业高质量发展。

（一）辽宁省国家级文化和科技融合示范基地文化产业数据分析

推动文化与科技融合发展离不开顶层设计。为促进各地文化科技资源尽快转化为文化产业，科技部、中宣部、文化部、广电总局、新闻出版总署五部门立足文化科技融合发展实际和要求，于2012年联合开展文化和科技融合示范基地认定工作，以基地为依托深化科技融合，引领地方文化发展，进一步发挥文化和科技的相互促进作用。沈阳和大连分别被列入五部门联合发布的首批及第二批国家级文化和科技融合示范基地名单之中。

沈阳国家级文化和科技融合示范基地是以国家自主创新示范区和平三好片区为核心功能区，占地面积广阔，集合了北方文化新谷、玖伍文化城、华强大厦、启迪科技园、盛京保利文化中心等文化科技楼宇，以国家级出版融合发展（辽宁）重点实验室为示范引领地，以沈阳市及东北地区的各类文化企事业单位为辐射作用带，通过力量整合，形成管理规范、配套完善、示范性强的"一区多园"的文化和科技融合空间布局和发展格局。并依据《沈阳国家级文化和科技融合示范基地工作方案》要求，承担了八大方面试

点任务，包括打造数字出版产业、培育和发展壮大现代传媒业态、发展壮大
数字创意产业、引进文化领军企业和打造文化创意产业链条、引导楼宇经济
向文化和科技融合转型、加强中关村与三好街文化和科技项目对接、完善文
化和科技融合的综合配套服务、培育具有国际影响力的高端活动品牌。目
前，任务已完全落实并不断取得新进展。

大连国家级文化和科技融合示范基地于 2013 年制定了《大连国家级文
化和科技融合示范基地建设规划》，成立了科技文化融合协同创新联盟，实
施了科技文化创新工程专项。在动漫游戏、数字会展、创意设计等领域都取
得了重大进展，培育了一批龙头企业，建设了一批产业化基地，创新了一批
文化产品。此外，作为国家级文化和科技融合示范基地建设的依托载体，大
连高新区也已经建立了涵盖科技创新、产业发展、创业孵化等各方面的政策
体系。根据 2012～2020 年辽宁省文化产业增加值及其占本地区生产总值比
重情况分析，沈阳和大连地区的文化产业年增加值呈逐年递增状态，示范基
地对文化产业发展的影响推动作用明显。[①]

除此之外，2019 年辽宁省出台《关于推动全省文化产业高质量发展的
若干意见》，建立规模以上文化企业"项目管家"制度；对文化产业支撑技
术等领域的文化企业，按规定认定为高新技术企业的，减按 15% 的税率征
收企业所得税。并提出到 2020 年，力争全省文化及相关产业增加值实现
1000 亿元以上，使之成为国民经济支柱性产业。2020 年辽宁省内还经过各
地遴选推荐、合规性审核、专家函评、会议答辩、调研实勘、部门商议、公
示等环节，评选出沈阳盘古网络技术有限公司、体验科技股份有限公司、辽
宁向日葵教育科技有限公司等 20 家单体类基地和北方文化新谷、沈阳国际
设计谷 2 家聚集类基地为辽宁省文化和科技融合示范基地。这些单体类示范
基地主营业务围绕文化和科技融合，创新能力强，在文化和科技融合领域科
技成果转化业绩突出，采用新技术提升文化服务水平效果明显。这些聚集类

---

① 辽宁省统计局、国家统计局辽宁调查总队编《辽宁统计年鉴 2020》，中国统计出版社，
2020。

基地包含了工业设计、立体视觉、网络影视、数字传媒、数字出版、网红直播、动漫游戏等相关文化科技融合类文创企业，以及文化科技类企业，年度营业收入总额超过2亿元，并在文化科技创新价值链技术研发与集成应用、制定技术标准、技术转让等方面在省内起到示范作用。同时，辽宁省通过此次征集遴选，掌握了省内高新科技企业的发展情况，并优中选优，整合资源，重点扶持一些优秀企业单位，为其输入持续造血动力，并以此为基础继续积极培育和争取国家级文化和科技融合示范基地。

（二）辽宁省文化科技人才趋势分析

人才是促进技术创新的根本因素。区域技术创新和高新技术的发展不仅是区域技术和资本的竞争，也是人才资源的竞争，拥有高智力人才资源即意味着占据了区域技术创新和高新技术竞争的主动权。因此，如今资源开发的重点已从物力资源的开发转向人才的竞争和智力的角逐。随着近几年来国家新一轮东北振兴政策措施的出台，辽宁省的科技发展也迎来了重要的发展机遇，随之带动了科技人才工作的发展，对科技人才的需求不断增加。抓人才就是抓发展，兴人才就是兴辽宁。为强化人才激励保障机制，辽宁省相继出台了《辽宁省人才服务全面振兴三年行动计划（2018—2020年）》《辽宁省专业技术人才知识更新工程实施方案》《辽宁省优秀高技能人才评选表彰奖励办法》《关于进一步提高技术工人待遇的实施意见》《关于推进人才集聚的若干政策》等文件，通过降低准入门槛、放宽限制条件、加大生活补贴力度等方式来留住人才、吸引人才，以增强本地科技人才储备和科技综合实力。同时，开展"辽宁省百千万人才工程""辽宁省兴辽英才计划"等人才推选工作以保障人才权益。通过实施高层次人才培养支持计划、海内外高层次人才引进集聚计划、高水平创新创业团队培养引进计划、外国人才引进计划、青年英才储备计划等切实的人才政策，培养引进一批杰出人才、领军人才、青年拔尖人才和高水平创新创业团队。与此同时，注重协调推进企业人才培养，助力县域经济发展人才、社会专业人士等各类人才队伍建设。

为对人才进行长期有效的激励，辽宁省坚持以用为本，实施人才服务振

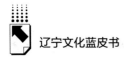

兴智力支持行动。通过开展"两院"院士助力振兴发展活动、优秀专家服务团活动、高校院所服务全面振兴专项行动等，实现人才与社会资源之间的交互，促进科技与经济对接、创新成果与产业对接、创新项目同现实生产力对接，为各类人才提供最能充分施展才能的机会和条件，以使其才能更好地转化为科技成果。通过落实用人单位的自主权，建立灵活创新的人才吸引机制，同时加强对科技创新和创业人才的财政支持，构建产学研协同创新平台，充分调动人才的活力，不断优化人才创新创业环境。

这些科技人才政策措施紧紧围绕辽宁省科技创新发展的重大需求，优化了人才发展环境，完善了人才工作体制，为辽宁省集聚和培养了大批文化科技人才，人才集聚效应进一步增强。由 2012～2020 年辽宁省统计局提供的科技人才数据可见，辽宁省人才随着政策的开放在近年来有所增加，目前已有专业技术人员 350 万人，高级技术职称人员 52 万人，高技能人才 112 万人，人才竞争力进一步提升。

（三）辽宁省文化产业科研创新活动情况

科技与文化的融合主要分为文化科技事业和文化科技产业两个范畴。文化科技事业的主要任务是为社会提供精神产品，满足人民对文化生活的多种需求。根据其公益性和服务性的特点，主要分为公共数字文化服务、文化遗产数字保护与传播、网络文化规范三大类。文化科技产业主要分为数字内容、文化装备和升级产业三大类。其发展方式是以科技创新为依托，与文化进行有机结合，提升文化产业的价值与品质，提升文化产业企业的核心竞争力，促进地方文化和经济的共同发展。近年来，辽宁省重点突破新闻出版、广播影视、文化艺术、创意设计、文物保护利用、非物质文化遗产传承发展、文化旅游等领域系统集成应用技术，以数字化、网络化、智能化为技术基点，通过数字影像、数字三维虚拟、声光多媒体等高新技术快速提升省内文化事业和文化产业的发展活力。

1. 辽宁省文化演艺集团

2018 年 7 月，辽宁省文化演艺集团（辽宁省公共文化服务中心）组建，作为一个庞大的"文化航母"，整合了原省文化厅、省文联、省作协等6个部门的21家单位，主要承担辽宁省文化艺术演出、公共文化服务、文化遗产保护与开发、文化研究与创作、旅游教育与市场监管、文化产业培育与开发等职能。并于2020年4月13日，在互联网新技术条件下，综合运用大数据、区块链、5G等互联网新概念、新思维、新技术，启动辽宁文化云平台建设工作，打造公共数字文化服务平台。目前建设的平台主要有传统媒体（电视频道"辽宁文化共享"）和新媒体平台（国家公共文化云、辽宁数字文化网、辽宁文旅云、政府购买公共文化服务平台、辽宁文化共享App、微信公众号和微站），实现了公共数字文化服务的全覆盖。具体承担辽宁文化共享频道播出、点播式机顶盒频道节目制作、国家数字文化支撑平台、国家公共文化云平台、辽宁文旅云平台、政府购买公共文化服务平台建设与运营工作。

辽宁省文化演艺集团对各个分支机构的统一协调发展起到了促进作用。这种在制度建设、管理模式、管理理念等方面寻求改变和突破，通过项目制管理等方式，将企业化管理模式应用于集团运转的全链条和各环节，是辽宁省文化科技事业发展的一大创新点。

辽宁文化云平台是由辽宁省文化演艺集团重点打造的网络平台，由辽宁省文化艺术研究院负责技术保障与管理。该平台将省内文学艺术、公共文化服务、文化遗产、文化创意产业、教育培训等文化资源整合，服务大众。平台设置了看直播、赏精品、约活动、学艺术、逛展览、乐旅游、淘文创、文化号、主题活动等板块，网民可以足不出户在平台上轻松获知文艺演出、作品展览、专业团队精品剧（节）目、非遗展演专场等信息，并通过电子设备实现线上观看或学习。辽宁文化云平台不仅方便了民众生活，而且实现了互联网与文化的融合。

辽宁省博物馆如今也开始实施博物馆数字化管理，通过与计算机技术相结合，将藏品资源转化为高清图片、文本介绍、音频视频等资料进行保存，使对藏品的管理系统化，形成一个共享的知识网络，实现藏品的永久保存。2019年10月，为更好地解读文物，辽宁省博物馆首次与数字科技公司合作，以高科技数字成像技术倾力打造文物数字体验场景，通过虚拟现实、三维全景、三维动画、阿尔法全息数字化等技术手段对固定展览和重点文物进行制作，为公众提供虚拟展示服务，以满足现代受众自助多元的展览体验需求，使观众真正体会到文物背后丰富的历史文化内涵。利用三维全景技术将基本陈列"古代辽宁"展和12个专题陈列全部数字化，并制作三维虚拟展厅，以使观众在疫情期间也能在网上观看展览。辽宁省博物馆利用数字化古画的制作方式，以及电子绘图、颜色调整、场景三维建模、合成等步骤，对《姑苏繁华图》《虢国夫人游春图》进行数字化复原，利用数字书法技术，将智能硬件、数字交互等新技术与传统书法相结合，将古代书法艺术《万岁通天帖》的字法、笔法等书法元素进行数字化处理，并使之适应多种载体（投影、电视、超宽拼接屏幕、网站、微信、户外全彩屏幕等）的演示需求，让观众感受科技与文化融合的魅力。

辽宁省文化演艺集团自组建以来，围绕着"一年打基础、两年上台阶、三年见成效"的"三步走"改革发展战略，大力实施精品创作、设施改造、市场拓展、人才培养和效益提升等项目工程，成为集多项业务板块于一体的文化集团。三年来，在文化惠民方面做出显著贡献。其中，文化展演机构策划推出系列文化活动3000余场，受众达1000余万人次。同时，科技的融入，也改变了辽宁省传统的文化展演方式，丰富了大众的日常生活。

2. 辽宁CA"LNCA数字证书管家"与辽宁教育资源公共服务平台

随着我国信息化建设的逐步深入，电子政务平台逐渐成为主要的政务办理渠道。2016年3月，辽宁CA推出"一证通"数字证书服务，实现一张法人数字证书为在不同政府部门和不同业务系统在线办事提供统一数字认证服务。并于2016年6月推出"LNCA数字证书管家"产品，解决了用户在登录诸多网上申报和网上审批业务系统时，需要独立安装多个客户端和控制版本更新问题，以科技手段服务企业，简化其税务、工商、质监、网上申报和网上审批等业务的工作流程，从行动上实现了"一企一证"，为企业在辽宁的发展提供"互联网＋政务服务"的一体化便利平台，以最快速度、最简洁的方式完成企业的设立等工作，实现了线上、线下齐办理，办事效率不断提升。

为了推动教育行业定制、创新、进化，辽宁省教育资源公共服务平台以云计算为基础，通过信息技术搭建汇聚第三方应用的教育云平台，全面整合优质互联网教育资源，为用户带来更多优秀的教育产品，有利于促成新教育体系生态圈的建立。教育部门、学校、教师、学生、家长及其他与教育相关的人士可通过教育云平台进行教学、学习、交流等各类活动，真正实现了教育活动的信息化，促进了学习方式转变，提高了学校信息化管理能力。

3. 无人机贴近摄影技术的应用与发展

沈阳市文物及历史建筑众多，是第二批国家历史文化名城。为完成历史文化名城文物保护评估工作，进一步彰显沈阳历史文化名城内涵，在市文化旅游和广播电视局、市自然资源局共同组织下，沈阳市勘察测绘研究院有限公司作为负责方开始实施沈阳市文物历史建筑可阅读工程项目建设工作。项目选取沈阳市文物保护单位 50 处、历史建筑 50 处，将其列入文物历史建筑可阅读工程范围，利用无人机贴近摄影技术准确测量建筑数据，完美复刻建筑原貌，完成了"文物历史建筑信息采集与录入""系统平台开发""简介牌制作及安装"三项内容。沈阳市文物历史建筑可阅读工程系统平台功能完善、运行稳定，通过数字化、多媒体结合地理信息服务等技术手段向公众呈现文物历史建筑信息，实现了文物历史建筑信息的统一存储、统一管理、统一发布、统一共享。并将历史文化遗产进行数字化存档，永久保存。下一步，将进一步收集完善文物历史建筑相关信息，将更多重要文物历史建筑纳入沈阳市文物历史建筑可阅读工程名单，形成一定规模，扩大项目的社会影响力，更好地宣传沈阳的文化旅游资源和历史文化内涵。同时考虑丰富文物历史建筑成果展示形式，可以增加三维数据展示及 VR 虚拟可视化等功能。市民通过扫码即可进入"能读、能听、能看、能游"的可阅读平台，获取丰富的地理信息服务，了解文物历史建筑。这个项目也成为开展沈阳市文物历史建筑保护工作和推动文物旅游融合的重要基础性工作，使公众全面、系

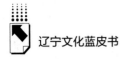

统、便捷地了解沈阳文物历史建筑信息及背后的人文故事。

4. VR 与人工智能技术的应用与发展

2020 年 7 月 14 日，由教育部虚拟现实应用工程研究中心、中国电子商务虚拟现实市场促进专业委员会以及辽宁省先进装备制造业基地建设工程中心联合指导，沈阳市和平区政府和华为技术有限公司共同举办首届华为 VR 开发应用大赛。大赛以"5G 时代，让梦成真"为主题，搭建一个开放合作平台，吸引更多优秀的 VR 企业落地和平、落地沈阳，培养、挖掘 VR 创新人才，打造 VR 沈阳新名片。首届辽宁法库网上陶博会也于 2020 年 7 月 18 日开幕。网上陶博会融入了现代互联网新兴技术，以 VR 展馆体验为主，让消费者和企业不到现场就可以了解法库陶瓷品牌、产业及产品的动态信息。除此之外，人工智能（AI）也被应用于辽宁省普通高考的考试违规行为管理中。利用 AI 技术可以在短时间内对考场的全部监控录像进行实时分析，检测出考生的疑似违规行为，确保教育考试的公正公平性。

5. 5G 产业发展

2019 年，我国正式进入了具有高数据传输速率和低网络延迟优点的 5G 移动通信系统的商用时代。辽宁省也随之编制并印发了《辽宁省 5G 产业发展方案（2019—2020）》《辽宁省加快 5G 通信网络投资建设工作方案》。提出以"5G＋方案"的形式推进工业、交通、医疗等领域的科技革新。截至 2020 年 4 月 26 日，辽宁省已经新建成 5G 基站 7650 个，并正以每天交付约 90 个基站的速度向前推进。

"5G＋工业互联网"融合创新工程。辽宁省沈阳市鼓励华晨宝马、沈飞民机、沈阳机床、沈鼓集团、新松机器人、延锋安道拓、沈阳海尔电冰箱厂、富创精密、京东物流等重点企业开展 5G＋工业数据采集（传输）、工业人工智能（AI）质量检测、云化自动导引车、云端机器人等"5G＋工业互联网"应用场景试点示范。围绕机械装备、汽车及零部件、航空、IC 装备、机器人、石化、医药、冶金等特色行业领域，加快企业内外网升级改造。加快培育"5G＋工业互联网"综合解决方案供应商。支持龙头企业建设工业互联网标识解析二级节点，推动标识解析递归解析节点建设，组织产业联盟、产业集群等开展推广应用，打造工业领域"万物互联"环境。

"5G+车联网"协同发展工程。辽宁省以中德工业园区和沈阳汽车城为依托，建设"5G+车联网"数字化平台，用以将车辆与道路、行人、基础设施等连接交互，鼓励汽车制造企业开展远程控制、自动驾驶、智能停车等智能网络化汽车的应用试验，构建具有地方特色的智能网络化汽车产业生态系统。

"5G+医疗健康"创新应用工程。辽宁省依托东软集团等企业，利用5G网络技术建设智慧医疗影像云、应急救援医疗、脑卒中医疗协同等平台，开展远程诊断、远程治疗、多学科协同会诊、移动查房、移动护理、机器人超声等应用，加强以患者为中心的诊疗、管理等工作的智慧化服务能力，构建"互联网+医疗健康"新模式。

"5G+融媒体"产业升级工程。促进通信运营商与沈阳广播电视台开展合作，推动基于5G网络的以超高清视频摄录、"艺卡"智能移动制播、沉浸式互动、视频终端为主要环节的全产业链升级，重点开拓基于"5G+4K/8K直播""5G+增强现实/虚拟现实""5G+全息投影"等技术的应用场景，打造"5G+新媒体"运营中心。

"5G+智慧农业"试点示范工程。推进5G技术与农业生产、经营、管理、服务各环节加速融合，实现监测、生产、销售、物流等农业全流程闭环管理。培育农业互联网特色小镇，打造"专业村+电商"新模式，建设2~4家"5G+智慧农业"示范产业基地。

除上述"5G+"模式外，辽宁省还启动了"5G+智慧教育"快速发展工程，用以推动远程教育、智慧教室、校园安全等在本地教育机构中的应用，同时开展5G+高清远程互动教学、AR/VR沉浸式教学、全息课堂、远程督导等教育新模式的示范应用；实施"沈阳旅游复兴V计划"，推广5G、VR、人工智能、全息影像、虚拟现实等技术在景区、博物馆、展馆等场所服务中的创新应用；依托物联网和5G数据传输，推广智慧交通、智能安防、智慧应急、梯联网等示范应用，科学统筹运用城市大脑理念，打造

"5G+数字孪生"城市管理新模式,将5G、VR/AR技术运用到网络购物、虚拟点餐、云游戏等领域。

(四)辽宁省文化产业科技成果产出情况

近年来,辽宁省在文化与科技融合方面提出了许多新政,如《辽宁省关于促进文化和科技深度融合的实施意见》(2020年)。各区政府也给予一定力度的政策和资金支持,如《沈北新区促进科技创新发展若干政策》(2021年)、《和平区产业扶持政策实施意见》(2020年)等,这些政策的落实和资源的支持,促进了省内新兴文化产业的发展。《辽宁省统计年鉴2021》显示,辽宁省2020年全年实现第三产业增加值13429.4亿元,文化科技产业比例也不断提高。2010年以来,以文化出版、广播影视、文化艺术为主的核心层,以网络、休闲娱乐和其他文化服务等新兴文化服务为主的外围层和文化产业均实现增值发展。综上所述,文化和科技的融合发展不仅促进了文化科技事业发展,丰富了人民生活;而且拓宽了文化科技产业的领域,加深了文化产业的升级改造,加强了科技领域的文化建设,促进了科技创新。

二 辽宁文化与科技融合过程中存在的问题

辽宁省的文化科技产业虽然发展迅速,但是无论在规模上还是在发展速度上依然落后于一些发达地区,文化和科技的融合力不足。在当今社会,各行各业的发展都离不开创新链、产业链、金融链、人才链四链融合。其中,最重要的两个环节当属金融和创新。对于企业来说,文化与科技的融合需要大量的资金支持和创新能力支撑,因此,多数企业在发展过程中缺乏强劲的驱动力,且目前政府对于文化科技产业持续稳定发展的扶持力度还不够。

(一)文化科技融合企业的投融资问题

东北的老工业基地为国家建设提供了大量的钢材、煤炭、水泥等生产资料，形成的建设经验也为国家建立健全工业企业管理制度做出突出贡献。作为工业省份，辽宁省近年来的经济社会发展却遇到了衰退的困境，经济增速明显低于全国水平。这是因为当今已经由工业时代进入数字化时代，制造模式和经济模式发生巨大变革。在工业时代，市场有无限需求，企业的主要职能是生产，为解决经济短缺问题，企业需要刚性批量生产，因此辽宁省的企业呈现规模化特点。而当今社会要求企业在市场上寻找新的经济增长点，以创新发展来适应市场的快速变化。文化科技融合作为当今文化生活发展的一种必然趋势，也已成为企业发展的最大要素。

当今辽宁省的企业还继续走规模化大批量生产的老路是难以吸引高科技人才和青年人入驻的，要发展就必须要创新产品形式。但对于企业来说，将文化科技融合，开发新产品、新技术、新工艺的创新发展模式势必会产生大量的开发研究费用。而资金大量消耗于迭代越来越快的产品，对于企业来讲是有巨大的风险和负担的，所以能获得投资才是企业得以持续生存的希望。

辽宁省在新中国成立之后以能源开采、原材料加工等重工业为主，经济增长更依赖于投资。虽然辽宁省政府每年都会有专项资金用于科技文化产业发展，但是企业实际获得资金项目有限。笔者通过实地调研得知，入驻沈阳国家级文化和科技融合示范基地的文化科技企业大多规模很小，多为民营企业，大多数注册资本不足 50 万元，没有固定资产抵押给金融机构，因此，金融机构不愿意为其提供贷款，这在很大程度上影响了企业的融资能力，限制其进一步发展。因此，需要政府协助企业完善融资渠道。企业的融资渠道包括自筹、直接融资、间接融资、上市融资、定向增发、公开增发、银行贷款、政府贷款等，企业的融资方式越多就意味着企业有更多的机会筹措到发展所需资金。但如今辽宁省的融资体系还不健全，企业发展所需资金大多来源于自筹资本和政府支持，外资和社会资本的比例相对较低，小微企业融资难、融资贵的问题未能得到有效解决，这种情形严重遏制了创新型文化科技企业的发展。

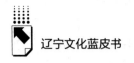

（二）文化科技融合的平台建设问题

文化与科技的深度融合，可以转变文化发展方式，提升文化科技的创新能力，通过融合创新可以形成新的文化科技产业生态，但文化与科技的融合是需要许多社会条件的支撑才能完成的，因此需要整合资源，建设连接政府、企业、市场和科研院所等各方资源的公共创新服务平台。

从国内外发展的经验来看，许多国家和地区都在科技公共服务平台建设和公共财政支持方面给予大力支持。如美国的国有科学数据完全与开放共享国策、专项资金连续支持数据中心群都属于科技基础条件平台，企业可以通过这些平台鉴别和获取最新技术；南京的文化和科技融合成果展览交易平台则是通过文化科技融交会的形式，交流媒体融合、文旅融合、技术应用等热点问题，同时展示文化和科技融合成果，并利用1865创意产业园建设文化科技创业孵化器平台，用以支持科技型文化企业发展。目前辽宁省内有关投融资交易、品牌培育、知识产权、公共技术服务方面的服务机构不够健全，也没有能够为文化创新活动提供资金、人力、政策、法律、学术等服务的创新社会支撑机构。目前省内做IT技术的企业数量不多，能够承担研发工作任务的主要是东软集团，做售后和销售的企业较多，研发机构少；文化科技产品在质量上没有适应市场需求，文化产品缺乏竞争力，转化率不高；在媒体、广告、营销等软实力方面较南方发达地区还有一定差距，文化品牌很难形成，这些都是制约科技与文化融合发展的主要因素。因此，亟须为企业搭建综合信息服务平台，将资源要素互相整合成文化科技融合的创新结构体系。

（三）文化科技融合的营商环境问题

制约辽宁经济发展的因素有很多，其中最为关键的在于推动优化营商环境的政策制定和落实。虽然辽宁省的营商环境在近些年来得到持续改善，如制定了《辽宁省优化营商环境条例》，开展了"你说我改"专项监督活动等，但仍与国际通行的市场经济规则、市场主体期待还存在较大差距。

首先是行政审批流程长、审批过程复杂的问题。行政审批是企业进入市场的必经之路，包括审批、核准、注册、检验、年检等几十种内容，较为复杂。而企业所需的环境是行政审批事项简单，能够少走政府，多跑市场。最好是能够形成"一站式""管家式"服务，方便走审批流程。其次还存在行政人员工作效率低、特权管理的现象，有部分政府职能部门的工作人员存在推脱绕、慵懒散、慢作为的作风问题。最后，市场监管也是规范市场行为、维护企业正向发展的重要手段，对于市场上的假冒伪劣、弄虚作假、偷税漏税、地方保护、行业垄断等问题，均需要市场监管发挥作用，以防有些企业因回款结款周期太长，拖欠工薪、货款，或知识产权不明确等倒闭。

（四）文化科技融合的人才队伍建设问题

在科学技术发展日新月异的当今社会，人才已作为"第一资源"成为国家、地区之间的关键竞争要素。强大的高素质人才队伍也是激发文化科技创新活力的重要因素。经调研发现，人才流失已成为辽宁省内市场经济的常态。人才流失对于企业来说是致命的损失，不仅仅削弱了企业的力量，更会强化竞争对手的力量。通常核心骨干离职时会带走大量的经验、技术，甚至是整个团队。如果缺少结构合理的人才队伍必然会制约企业发展，不利于项目进展。因此必须要分析人才流失原因，并注重人才培养和引进，建构结构合理的人才队伍。

政府对人才的保障制度是构建人才队伍的保障因素，但是相应措施在实施的过程中或会成为美好构想，并不能解决人才的实际问题。除此之外，辽宁以老工业或老企业为主，求稳不求新，且企业在制度和文化方面过于陈旧，没有有效的激励机制奖优惩劣，在企业管理方面论资排辈、裙带关系严重。许多企业招聘员工进入公司之后，只是在进行一些简单的形式化理论培训后，就要求员工上岗，并不能为员工提供良好的工作环境和晋升机会，也未能从员工角度为其做未来的职业生涯发展规划；且不重视对科学技术人才的培养；薪酬待遇低，导致高学历和高职称的骨干人才成为主要的流失对象。

三　辽宁文化与科技融合过程中产生问题的原因分析

（一）文化科技融合观念滞后

辽宁省主要城市都是重工业城市，但思想上安于现状或不思上进，市场意识不强，法治意识薄弱。改革开放以来，辽宁省经济总量在全国的占比，尤其是 2008 年以来呈现加速下滑趋势。以互联网经济为代表的新经济快速崛起，新模式、新业态层出不穷，而东北地区未能抓住这轮发展机遇。

在辽宁省内，"求稳"是大多数人的观念，"60 后""70 后"多选择"家族继承"，进入国有企业工作，"80 后""90 后"则以教师、公务员、进入国企等有编岗位为荣。国企和事业单位普遍存在讲资历、论辈分的思维惯性，对新人存在打压现象。多数企业不愿接受"新的挑战"，创新经费不足，甚至拒绝新兴事物融入，企业创新能力差。而对于现代科技与文化融合来说，融合的基础是创意，创意思维对文化科技融合具有决定性作用。

（二）文化小微企业多，融资困难

严格来说，创新对企业而言是风险和负担，需要在成本上有巨大的投入，才能有产出。如今创新成为企业发展的第一要素，产品如果没有创新，在市场上将不再有竞争力。而创新需要资金和人才的投入，需要现今的科学技术。

由于文化科技融合为新兴事物，多属于电子和信息类产业，产品的科技含量高，更新迭代较快，用于产品研发的费用比例大。而文化科技企业多为新兴的民营中小或者小微企业，正处于起步或成长阶段，却因为融资难、融资贵的问题，难以聘请创新所需的高级人才，难以投入大量资金用以研发新产品。民营企业常因财务制度不健全、抵御风险能力弱等问题向金融机构贷款时往往有种种限制，在融资链条中处于劣势地位，健康发展受到影响。如果企业在发展前期投入较大，企业的管理和发展观念会变得封闭、保守；而如果前期投入少，产品开发深度不够，则会影响企业后期发展。因此，拓宽融资渠道，为文化科技企业与金融资本搭建有效对接途径，才是为企业融资纾困、保障文化科技企业健康发展的良方。

（三）缺乏文化与科技融合的配套政策及产权保护

当今社会，文化和科技融合的数字经济已经成为产业变革和经济增长的重要引擎，极具商业爆发力和投资价值。但与传统产业相比，文化产业网络侵权形式更为复杂，电子数据在网络上共享常陷入被侵权、抄袭的境地。由于文化科技企业大多规模小、创建时间短，因此普遍缺乏经验，且没有条件设置专门的知识产权管理人员，甚至并未对企业的文化科技产品的著作权、专利、商标等申请保护。一旦企业的知识产权受到侵犯，就很难利用法律保护自身合法利益，维权举证难、成本高昂、程序繁杂，会严重影响企业创造的积极性。因此，对于文化创意企业的政策扶持和产权保护是极为重要的。而对于政府来说，利用规章制度规范行业秩序，加强对文化科技领域的监督，提高执法效率，是保障企业健康发展的有效途径。

（四）文化科技人才不足

由全国各省份年度工资排名可见，东北地区的工资水平在全国范围内处于较低水平，而薪资多少直接决定了员工的生活质量和社会地位高低，进而影响企业对人才的吸引力，甚至导致人才流失问题。

另外，企业管理层过度集权、员工论资排辈等问题，会使员工缺乏归属感和对企业的认同感；企业不能做到知人善用，导致岗位的要求与员工的实际能力不一致，也会打击人才的主动性和创造性。多数企业缺少团队凝聚力和企业精神内核，实行平均主义，激励机制不够，员工缺少晋升和学习机会，也会造成人才资源的流失问题。因此，应在政策实施的过程中跟踪调

研，确保政策在人才培养过程中发挥实际作用，通过上下通力合作达到效用最大化。

四 有关辽宁文化与科技融合发展的对策建议

（一）把握文化科技融合发展趋势，激发各类主体创新活力

文化与科技的融合是近些年才出现的、目前还未形成社会普遍认同的概念，还需要在社会实践中进一步分析论证。2012 年杨君在《光明日报》撰文阐述了文化与科技融合的概念，即通过将各类文化元素、内容、形式和服务，与科学技术的原理、理论、方法和手段有机结合，提升文化产品的价值与品质，形成新的内容、形式、功能与服务，更好地满足人民物质文化需求的创新过程。这段文字清晰地说明了文化与科技融合的目的和方式，即通过多样化、跨领域的融合方式促进文化科技产业的发展，提高人民生活水平和对生活的满意度。

为顺应数字化、网络化、智能化发展趋势，激发各类主体创新活力，创造更多文化和科技融合创新性成果，北京、深圳、上海等地正将具有地方特色的文化与科技创新有机地结合在一起，使其成为推动城市建设的重大引擎，为加快城市的创新转型发展寻找到一条重要的途径。北京的高新技术产业主要集中在海淀区，依托海淀区的科技文化优势，于 2005 年设立了"中关村创意产业先导基地"，这是北京的第一个文化创意产业基地，目前已经发展为中国的"硅谷"，基地集中力量开办技术起点高的项目，每年都有大量研究成果产出。上海市更是将科技创新列于文化与科技融合首位。2021年，《上海市关于促进文化和科技深度融合的实施意见》提出实现文化科技融合关键技术突破，推进文化大数据体系建设、媒体融合向纵深发展、公共文化服务数字化建设等十二项重点任务，重点解决政策资源分散、成果转化不够等问题，以应用为驱动、市场为导向，推动文化和科技跨行业、跨部门渗透融合，用数字化转型推动技术创新、拓展文化发展空间。深圳作为电子信息产业最发达的开放性城市，在深化文化与科技融合的过程中也创新了许

多可借鉴的途径。如集合文化科技、文化旅游行业探讨合作模式、机遇等问题，联合政府、产业园、企业等各方力量，促进相互之间的交流合作，利用高新技术改造文化产业、提升文化内涵，并加强公共文化体系建设，为民众提供文化服务。综上所述，每个地区都有适宜本地的文化科技融合模式，因此需根据本地区文化科技的实际发展情况，采用适宜推动地方文化产业融合的方式，引导企业正向发展。

在科技文化一体化进程中，数字技术和互联网相关文化产业呈现爆炸式增长，其中尤以新闻信息服务业增速最快，2018 年增长率为 24.0%，收入 8099 亿元，反映了文化与科技一体化的强大动力。如今数字文化消费已经成为青少年文化消费不可替代的新方式。因此，促进文化与科技的深度融合，可以深化"互联网＋""文化＋"等整合应用，加快文化产业的数字化进程。深化"互联网＋"的融合运用也可以有效增强文化科技企业的创新能力，提升其社会影响力。

此外，释放民营科技企业的创新能力也是促进科技文化一体化的有效途径。激活企业从业人员的想象力和创造力，为企业发展创造更多的可能性。人是文化与科技的中介变量，因此在文化与科技的融合过程中一定要突出公民的作用，通过提高全民的科技文化素质，通过科技教育让公民参与到科技文化中来，可以促进其创新改造能力提升。如短视频的发展让美食博主李子柒的视频火了，通过现代传播和文化创意，唯美的中国田园生活吸引了国内外粉丝的关注，让乡村变得更有吸引力。因此，可以通过社会公益活动鼓励民众参与文化产品的设计制作流程，创造个性化、精细化的文化产品以服务大众文化消费市场。完善以高质量发展为导向的文化经济政策，激发和保护各类主体的创新活力，进一步激活大市场、释放新动能，是文化科技融合发展的主动力和必然趋势。

（二）创新文化与科技融合的融资模式，加大资金支持力度

文化科技行业属于新兴产业，起步晚，市场化水平偏低，企业发展水平也参差不齐。且与传统制造企业不同，文化科技企业的发展存在投入成本

高、投资回报期长、运营过程中存在较大不确定性等特点，需要更多的金融政策支持；但是文化科技企业因发展不完善，融资体系建设也处于初级阶段，"融资难"的问题成为制约文化科技融合发展的根本问题。目前的文化科技企业资金多来自银行贷款，融资渠道相对单一，对于部分文化科技产业相关项目，传统的银行难以介入或难以满足企业对资金的需要。要解决这些问题，就要求结合市场现有文化科技企业的实际情形，拓宽资金渠道，创新融资方式，提供充足金融供给以促进科技创新，满足产业转型升级需求，构建反映文化科技产业特性的金融生态系统。在具体操作过程中，首先可通过政府的引导作用，打通政策落实的"最后一公里"，推动改善企业特别是民营企业的营商环境的一系列优惠政策和措施落实到位。与此同时，以政府的财政资金为基础，吸纳文化科技企业，引导社会资本共同建设投融资平台，同时加快平台、产品和服务创新。其次，由于文化科技产业属于复合型产业，涉及的范围广、部门多，需要创新文化、科技及相关产业的跨部门合作发展机制，设计与开发文化科技产品和服务，将文化科技产业视为有机的统一整体做好统筹工作。最后，除激活公有制文化经济之外，还需积极扶持民营文化企业的发展。民营文化科技企业是当今文化产业供给侧改革和高质量发展的主力军，可以催生新的产品、模式和新兴业态，因此，推动文化与科技融合发展应当构建政府、企业、社会多元化、多渠道的投入格局。如引入风险投资与投资周期较长的私募股权投资，因与传统银行相比，私募股权投资更加符合文化产业投入周期长、资金回收时间长的特点。

除此之外，知识产权资产证券化也是将知识资本与金融资本有效结合的方式。文化产业知识产权所有人可采用这种融资方式，以金融技术为依托，以知识产权信用为担保，以证券化为载体，将债权变现以改善现金流状况，进而使资金周转率提高，获取价款以进行后续研发，寻找更好的市场机会。由于文化与科技融合产出的数字产品与传统文化产品相比，在形式、载体等方面存在很大差异。因此，在文化、技术和资本整合的过程中，还需建立一个公平、公正的第三方评价体系为数字内容产业的投融资设立公正的评价标准，以适应新兴文化科技企业发展。

如今国家为推进东北振兴，给予东北地区许多倾斜政策，这些政策极利于文化科技产业发展。可以通过加大招商引资的力度，吸引现代化文化产业项目落户辽宁；如辽宁国际投资贸易洽谈会、辽宁文博会等平台，都可以很好地向外界展示辽宁的形象，并为投资人建立投资平台。也可依托沈阳和大连的国家级文化和科技融合示范基地，新获批的辽宁省单体类、聚集类基地，以及各个地区文化示范园区、文化产业园区等，建立文化科技一体化的公共服务平台，实现产学研一体化，完善相关学科体系，培育一批具有较强竞争力和带动效应的文化科技创新型领军企业和拥有科技创新、文化认同能力的复合型人才，并形成文化产业集群和文化服务产业链，增强区域核心竞争力。同时，政府还应创新工作机制，以企业为主体、以市场为导向，针对重大科技文化项目进行发展规划工作，建立健全文化产业技术创新体系，促进科技文化资源互动。

（三）制定文化与科技融合的政策措施，加大创业扶持力度

在深入推进东北振兴座谈会上，习近平总书记提出"以优化营商环境为基础，全面深化改革"的命题。把营商环境作为振兴发展的重要突破口，可以以政策推动营商环境改善，以服务赢得企业落户辽宁。营商环境是一个地区市场环境、政务环境、法治环境、社会环境等多个方面要素的综合体现，是衡量地区经济软实力和综合竞争力的重要指标。习近平总书记高度重视优化营商环境工作，曾指出改善营商环境不是出几条优惠政策、抓几项便民措施那么简单，关键要在准入、成本、税费、融资、基础设施、产业配套、产权保护、人力资源、公共服务、社会治理等方面综合施策。因此，在具体实施的过程中，辽宁省可依据自身文化特色、科技发展水平和文化科技企业发展实际情形，不断完善和发布相关配套政策和实施细则，加强文化科技发展的规范化管理，从而引导和推进文化科技一体化。如推进文化科技一体化成果转化，制定和完善促进引进技术消化吸收再创新的政策，加强技术引进与消化吸收的有效衔接，提高配套技术和自主发展能力，在鼓励文化科技企业保持自身地域文化特色的基础上，注重把握科技前沿信息，确保企业

能够紧随科技发展趋势，广泛借鉴和吸收现代科技文化、工业文化和其他地域文化中的创新和管理等先进因素；政府有关部门应率先引导省内高校与文化企业合作，必要时借助国内外力量，加强对文化科技产业领域核心、关键、共性技术的研究攻关，提高文化、科技自主创新能力，自主研发装备设施以适应文化科技创新需求，全力攻坚外资招引，将高质量外资作为招商引资的重点对象，坚持引进符合产业大势、符合辽宁实际、符合高质量发展要求的产业项目和市场主体；推动文化科技融入政府采购体系，优先采购具有自主知识产权的高新技术设备和产品；完善知识产权保护制度，对侵犯知识产权的行为予以坚决查处和打击，建立知识产权监督检查长效机制；此外，由于文化科技融合企业多为新兴企业，大多发展时间较短，规模不大，人员配比不足，因此政府还应加大创业扶持力度，不断强化双创平台载体建设、优化政策环境、推进创新资源开放共享，持续激发全社会创新创业活力、增加创新创业服务供给，为新旧动能转换提供重要支撑。

好的营商环境能够为企业发展带来红利。建设良好的营商环境需要进一步加强知识产权保护工作，依法保护市场主体合法权益，严厉打击侵权行为，保障文化科技企业正常生产经营。对于民企中的经济纠纷、经济犯罪等问题，要进行严格区分，坚决防止把经济纠纷当作犯罪处理。除此之外，还要加快政府职能转变，优化政府服务，推动简政放权，放管结合、优化服务。继续简化企业办事流程，提高政府管理效能，以简驭繁，深化"放管服"改革，取消或下放部分行政审批项目，清简一些不利于办事创业、不适应经济社会发展的事项，落实"全国一张清单"管理模式，切实减轻企业负担，着力解决企业反映的突出问题，遵循公开透明的原则，实行涉企问题限期解决机制，破除民间投资进入文化科技领域时的隐性壁垒和限制。为企业减轻负荷，清除障碍，进一步释放市场潜力和活力，积极调动各方的主动性和创造性，着力营造公平竞争发展环境，使企业将更多的时间和精力放在开发市场和技术创新上。倡导"守正道、持商道、铸匠道"的企业家精神，使企业家充分发挥"头羊效应"和生力军作用，在产业链关键环节把握技术迭代特征，做好企业规划，以面对经济全球化的考验。通过畅通的晋升渠道，合理的薪酬体系，鼓励创新、容忍失败的创新环境和文化氛围等，完善鼓励创新机制，集聚创新资源、创新人才，充分调动创新人才的积极性，最大限度激发市场主体活力。与此同时，可以以党史学习教育为契机，精准纠治作风顽疾，大力强化作风整顿，净化政治生态，全力清除污染营商环境的作风"病毒"。通过扎实开展党史学习教育，进一步深化党员干部对党的性质宗旨的认识，使党员干部的政治领悟力、执行力、判断力得以提升，增强拒腐防变和抵御风险能力，切实为群众办实事解难题，把为民造福作为最重要的政绩。对于靠企吃企、营商宰商、设租寻租、关联交易、内外勾结等腐败行为予以严肃查处，提升监督质效，惩治腐败沉疴，将正风反腐与深化改革、完善制度、促进治理结合起来，坚决打赢优化营商环境、净化政治生态整体攻坚战。

为文化科技企业营造具有创造力、驱动力、吸引力的平等竞争市场环境、执法公正的法制环境、生机勃勃的金融环境，为民众建设"宜商、宜居、宜游"的生活环境。鼓励各地各部门依据实际情形进行差异化探索，推举创新，让文化科技企业扎根辽宁，让市场主体放心投资，让企业家专心创业。

（四）建立科技文化人才基地，加强文化与科技融合的人才队伍建设

文化科技融合发展需要在基础研究、战略高技术、重大工程等领域发挥人才引领作用，因此加快培养一批既懂得科学技术原理，又敢于创新实践运用的科技人才势在必行。这些科技人才包含数字软件开发人才、媒体产业管理人才、文化技术人才等，他们将成为推进文化产业数字化进程的主力军。

在吸引人才入驻和培养人才的过程中，一是应该建立有效的激励机制，提升现有人才的积极性。有效的激励机制可以吸引、留住优秀人才，通过物质奖励体现人才价值，通过非物质奖励增进人才认同感。激励机制可以有效开发员工潜能，造就良好的竞争环境。具体实施时，可通过制定鼓励现有各类优秀人才发挥作用的相关规定、办法，并对设立院士工作站、博士后创新实践基地等技术平台给予一定资金扶持，对国家、省级引才引技项目给予经

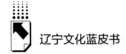

费资助。在进一步完善专家选拔管理制度方面，在人才津贴、职称评聘、科研立项、生活安置等方面给予政策倾斜和优惠。

二是在高层次人才引进方面，明确奖励标准和保障措施。在公共服务配套、项目资助、股权激励等方面凸显辽宁引进人才的政策优势，打造效能最高、服务最优、尊重知识的发展环境，并为人才创业提供最大支持，增强对优秀人才的吸纳和凝聚力。

三是强力推进人才强市战略，坚持党管人才原则，明确工作要点，围绕经济社会发展大局，大力实施人才引进、人才培养等工程，发挥牵头抓总作用。稳步推进十项重点人才工程开展，加大对各类创新创业人才队伍建设的扶持力度，落实中央"大众创业 万众创新"号召，做好鼓励各类优秀人才创新创业工作。培养创新型人才，以高校重点学科、重点实验室等为依托，通过产学研合作建设一批科研成果产业化示范基地和创新型人才培养基地，积极引导企业、科研院所和高校合作形成一系列产学研联盟，构建人才培养链、供应链。

四是在辽宁省人才工作领导小组的统筹领导下，建立人社、科技、发改等部门定期沟通协调机制，把重点项目建设与人才引进工作相结合，通过对在建、拟建项目，尤其是重点项目实行主动跟踪服务，随时了解掌握人才需求情况，采取定期组团参加京津冀高层次人才洽谈会、人才猎头、网络寻聘等多种形式引进急需人才，加大人才工作服务经济建设力度，逐步形成项目与人才互动和高效融合的良好局面。

五是可围绕文化旅游、电子信息、高端装备制造等产业，创新人才项目载体，促进同高层人才的对接。在深入调研的基础上，积极推进人才培养，建立高端人才团队创新创业平台。

六是本着以市场为导向、企业为主体、政府作引导、院校为依托的原则，全面对接辽宁省内院校和科研院所，通过组织开展科研与企业的对接活动，进一步鼓励和支持全省企业与院校的合作。加强培养基地建设，依托开发区高层次创新创业人才培养示范基地等一批人才载体，以项目为载体招才育智，大力引进高校优势资源。加强院士工作站建设，推进院士与企业、学院的对接活动，促进科技成果在全省转化。举办或承办科技成果展览、科技成果推介、创新创业大赛等活动赛事，在做好相关组织服务的基础上，切实加强与有关单位的联系协调，建立高端智力柔性引进的长效机制。

七是加大文化科技人才培养力度，加强具有科技创新素质和技术经营能力的复合型人才培养。人才政策要落实在人员住房、稳定性收入等方面，创新成果则需要在转化时有足够的资金支持产出并给予科研人员相应收益。因此，可依托省内国家级重点实验室进行重要课题研究，在攻关科研项目的过程中，为培育的高知高科技骨干人才建立科技文化人才基地，为全省市高层次人才举办人才座谈、交流、沙龙等活动提供场所，增强人才的归属感、认同感，为人才创业创新提供服务，促进人才供需双方精准对接、有效合作，真正发挥人才的作用。[①]

（五）增强文化科技事业对先进技术的集成应用能力，提升科技服务能力

在文化科技事业方面，可以继续推进博物馆、图书馆、科技馆等公共文化场所的公共服务平台建设。这些公共文化场所承载着传承社会文化历史的重要使命，利用大数据、物联网、云计算、人工智能、虚拟现实等技术可以将博物馆中的藏品与展品、线上线下的观众、管理者与策展者实现真正的智慧化融合。如故宫博物院的"超越时空的紫禁城"项目利用 GIS 技术对重要历史文化景点进行现实模拟，使观众通过观看、游览、参与活动深入了解清文化；敦煌研究院打造的"数字敦煌"项目也是利用虚拟现实技术展现了莫高窟的壁画与佛龛影像，不但对珍贵的历史文物进行了有效保护，还可让观众在欣赏佛教壁画、雕塑的同时，了解佛教历史知识。

以上这些数字人文项目都是在对文化数据的历史梳理基础上做的研究，通过深入挖掘城市的历史文化内涵，展现城市文化风貌。在具体推进的过程

---

① 王国成、俞坚：《搭建文化科技融合服务平台 促进文化产业发展》，《中国高校科技》2013年第 3 期。

中可先对全省文化资源进行普查和分类分级评估，全面普查省内文化资源的数量、分布、特征、文化脉络等情况，尤其对历史事件、历史人物、历史文献、物质文化资源、非物质文化资源等五大类内容进行统筹把握。随后对传统的文化产业进行数字化、信息化改造，如将沈阳市工业文明、朝阳市红山文明、辽宁满族文明等具有地域特色的文化进行数字化包装展示。与此同时，研发相应的文创产品，并将收藏、管理、研究、展示、教育均纳入数字化平台，实现社会公共文化资源的网络化开放共享，方便群众对科技文化的消费和利用；也可与其他省（区、市）合作举办专题展览，结合地理信息技术展现历史名人的行游轨迹，利用各个博物馆丰富的数字化资源，增强文物资源的地区流动，让观众的游览体验不断提升。针对辽宁省一些濒危的非物质文化遗产进行数字化开发以及建档保护，同时加大对传统工艺和非物质文化遗产保护性开发的技术攻关力度。加大辽宁省内自主开发展示精品剧目的宣传推介力度，树立辽宁自己的文化品牌，推动辽宁文化艺术繁荣发展。

为培育社会化公共文化服务力量，培育市场主体，丰富服务供给，还需加快政府职能转变，不断创新向社会力量购买公共文化服务模式，如通过项目购买、岗位购买等形式，以委托生产或购买服务的方式吸引民间资本，加强文化科技应用相关领域的重点攻关，引导社会力量进入公共服务领域，具体可通过提出技术难题并张榜发布，吸引企业、高校、科研机构或科技创新平台等揭榜接受任务，省市财政予以资金支持，有针对性地突破文化科技融合过程中存在的技术壁垒。同时完善支撑文化科技产业发展的金融支持政策、税收优惠政策，创新文化产业发展的财政支持政策，深化文化产业发展的人才支持政策、法律支持政策等，推动数字化等新兴文化业态的知识产权保护工作有序进行，加大科技创新与文化融合的宣传力度，为文化科技产业发展创造良好环境。以文化传承创新市区为平台，全面推进文化大省建设将传统文化资源与新闻出版、现代传媒、动漫游戏、数字视听、文化演艺、文化旅游等新兴文化产业服务形态结合，整体布局省内的文化产业链，推进辽宁省新型数字文化业态发展。通过云计算、大数据、区块链、物联网、人工智能等新一代信息集成技术，促进城市管理理念创新，建设智慧城市。

参考文献

辽宁省统计局、国家统计局辽宁调查总队编《辽宁统计年鉴2020》，中国统计出版社，2020。

〔美〕托马斯·鲍德温等：《大汇流：整合媒介、信息与传播》，官希明等译，华夏出版社，2000。

向勇：《文化与科技融合发展的历史演进、关键问题和人才要求》，《现代传播》2013年第1期。

叶朗、向勇主编《中国文化产业发展报告（2020—2021）》，社会科学文献出版社，2021。

杨涛、金巍主编《中国文化金融发展报告（2020）》，社会科学文献出版社，2020。

吕克斐：《世界各国推进科技与文化融合打通技术和文化产业链》，《杭州科技》2012年第3期。

魏加科：《江苏利用科技催生文化新业态的机理与路径》，《江苏科技信息》2015年第5期。

于泽：《文化与科技产业融合度测算分析》，《科技管理研究》2020年第4期。

祁述裕、刘琳：《文化与科技融合引领文化产业发展》，《国家行政学院学报》2011年第6期。

费瑞波：《文化科技融合创新关键影响因素的实证分析》，《统计与决策》2017年第9期。

李凤亮主编《文化科技创新发展报告2020》，社会科学文献出版社，2020。

Abstract

Annual Report on The Development of Culture in Liaoning (2021 – 2022) comprehensively records the historical process of the ideas and goals of the Liaoning Provincial Party Committee and Provincial Government for the development of culture, is researched and completed by relevant experts and scholars such as Lu Xun Academy of Fine Arts and Liaoning Academy of Social Sciences, and is an important think tank-type achievement in the research of Liaoning's cultural undertakings and cultural industries. It is composed of General Report, Cultural Undertaking, Cultural Industry and Integrated Development, focusing on the hot spots, difficulties and key issues of Liaoning's cultural development, and putting forward feasible suggestions.

Liaoning has placed cultural construction in an important position in the overall work, incorporated it into the overall plan for economic and social development, and incorporated the effectiveness of cultural reform and development into the scientific development assessment and evaluation system. In the study, it not only shows the achievements of Liaoning's cultural development, but also reflects the problems existing in Liaoning's cultural development, and also puts forward countermeasures and suggestions for cracking the bottleneck problem. More importantly, it points out many potential problems and demonstrates the relationship between criticism and inheritance, reality and future, relative and absolute in practice, and not only carries forward the main theme but also reflects the diversified styles.

The Liaoning Provincial Party Committee and the Liaoning Provincial Government attach great importance to cultural development, and clearly pointed out in the government work report: Promote the construction of a culturally strong province, deepen the reform of the cultural system, prosper cultural undertakings, strengthen cultural industries, and let the people enjoy better spiritual products. Practical and effective measures have been taken to raise Liaoning's cultural undertakings and cultural industries to a new height. The development of Liaoning's cultural undertakings, the development of cultural industries, and the integrated development of cultural undertakings and cultural industries play an irreplaceable role in economic and social development. The Liaoning Provincial Party Committee and the Liaoning Provincial Government have timely introduced effective and overall coordinated support policies, actively responded to the tragic impact of cultural exchanges due to the epidemic, promoted the integrated development of cultural exchanges and the mergers and acquisitions and reorganizations of marketization and rule of law, further played the supporting role of cultural finance, stimulated cultural consumption, adopted new technologies and new means, strengthened content creativity and scientific and technological innovation, and promoted the high-quality development of cultural exchanges. Liaoning's cultural development is to serve economic and social development, during the COVID – 19 epidemic, cultural development has been seriously affected, but the network platform in the information age has opened up space for the development of Liaoning's cultural undertakings, the development of cultural industries, and the integration and development of cultural undertakings and cultural industries. While cultural development has been affected by the new crown epidemic, it has also achieved new development online, which is not only an innovative point for the development of cultural undertakings, but also a new growth point for the cultural industry, or a integration point for the integration of cultural undertakings and cultural industries.

Keywords: Liaoning; Cultural Undertaking; Cultural Industry

Contents

I General Report

Abstract: During the COVID − 19 pandemic, cultural development has been seriously affected, but the network platform in the information age has opened up space for the development of liaoning's cultural undertakings, cultural industry, and the integrated development of cultural undertakings and cultural industries. While affected by the COVID −19 pandemic, cultural development has seen new development online, which is not only an innovation point for the development of cultural undertakings, but also a new growth point for the cultural industry, as well as the integration point of cultural undertakings and cultural industry. Due to the uncertainty of COVID − 19 and the accessibility of information, online culture will develop by leaps and bounds, and will be characterized by the integration of online and offline. In cultural development at the same time, also presents the cultural development problems, such as the cultural exchanges between the international cultural industry chain has not been formed, institutional factors restrict the public cultural service development, the lack of " cultural + " industries such as the exploration of new formats, lack of innovation consciousness and trends forward − looking, brigade fusion degree need to gradually increase, government participation is not strong, The scale development of tourism culture industry needs government guidance. " Internet + "

and "double gen" era of information and communication platform, the marketing network is vital for international operation, to increase financial support, explore "culture + " industries such as new formats will become the development of cultural industry, promote the development of culture and the financial innovation, the government and financial institutions, social capital need to vigorously promote the provincial culture and financial integration, Guide and drive the financial industry to increase support for the cultural industry, and strengthen the real practice of the combination of culture and finance.

Keywords: Cultural Undertakings; Culture Industry; Integration of Cultural Undertakings and Cultural Industries

Ⅱ   Cultural Undertaking

B. 2   Liaoning Public Cultural Service Development Report

Zhang Yan / 021

Abstract: The goal of the 14th Five Year Plan period is to improve the level of public cultural service, to strengthen the construction of public cultural service system and to innovate institution. In recent years, some achievements in Liaoning public cultural service have been made, and the level of standardization, boutique, digitization and socialization has been continuously improved. However, due to the late start of the construction of Liaoning public cultural service system, the current equalization level is low, and there are still problems of low total, slow growth and small proportion of investment, as well as low per capita undertakings, imperfect cultural infrastructure construction and incomplete professional cultural talent team. It is suggested to comprehensively deepen the reform of cultural system and to promote the corporate governance structure; to improve the financial investment mechanism for public culture and to further the increase of investment; to establish a coordination mechanism for public cultural service and to promote standardization and equalization; to introduce the competition mechanism and to promote the development of socialization; and to strengthen scientific and

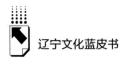
technological forces and to ensure network development.

Keywords: Public Cultural Service; Equalization; Networking; Liaoning

B.3 Liaoning Intangible Cultural Heritage Report

Wang Ping / 048

Abstract: This report comprehensively analyzes the current situation of Liaoning's intangible cultural heritage work, through a series of work, Liaoning's intangible cultural heritage work has made great progress, Liaoning Province's intangible cultural heritage into the campus activities have achieved remarkable results, and Liaoning Province's intangible cultural heritage digital protection work has won a number of awards. Explore the new model of "intangible cultural heritage +", and develop innovative and integrated development. At the same time as achieving results, there are some problems in liaoning's intangible cultural heritage work, such as relatively backward theoretical research, large gaps in funding, and backward development of cultural and creative products. Through the sorting out of the problems, this report proposes to establish and improve laws and policies, improve the intangible cultural heritage supervision system, and implement the latest spirit of the documents of the two offices to promote the innovative development of traditional culture; It is necessary to enhance the image of Liaoning, tell the story of Liaoning well, and establish a provincial-level "intangible cultural heritage museum."

Keywords: Liaoning; Intangible Cultural Heritage

B.4 Report on the Development of Public Cultural Services of Liaoning Cultural Relics Museum *Wang Tongfei* / 064

Abstract: As an important part of the construction of socialist culture with

Chinese characteristics, museums in China are an important force for concentrating and motivating people. They are responsible for the historical mission of improving the quality of the entire nation and promoting cultural development. 2020 will be an extraordinary year for museums. In 2020, all museums in Liaoning province will implement the decisions and plans of the CPC Central Committee, put people's life and health first, and continuously improve the level of public cultural services. Liaoning Provincial Cultural Relics Museum in 2020 to seek progress in stability, pioneering and innovative achievements made remarkable.

Keywords: LiaoNing Province; Cultural Relic; Museum Public Cultural Service

Ⅲ   Cultural Industry

Abstract: How to develop the cultural industry under the new situation, so that the cultural development of the new climate, has become a hot topic, is also the focus of the development of the provincial response. Among them, Liaoning province has certain typicality and reference significance in the exploration of cultural industry development. In this paper, the development status and achievements of Liaoning cultural industry are analyzed and successful experience is summarized. At the same time, the reasons for not being in the first echelon are deeply analyzed, and feasible development strategies are put forward from the perspective of the government and employees.

Keywords: Culture Industry; Culture +; Liaoning

Abstract: At present, Liaoning Province has formed four cultural brand

advantages, including cultural tourism brand, rural tourism brand, cultural heritage brand, ice and snow tourism brand, cultural cloud brand, etc. the scale and quality are becoming more and more mature. However, there is still more work to do in the top-level design, resource mining, service quality and IP building of cultural brand construction in Liaoning Province. It is necessary to strengthen the policy guidance of cultural tourism integration, standardize statistical work, improve service quality, strengthen brand construction, deepen, expand and strengthen the existing advantages, and build a cultural brand system that meets the needs of the times, the market and the people.

Keywords: Liaoning; Culture Brand; Culture Market; Integration of Culture Tourism

Ⅳ Integrated Development

B.7 Liaoning Beautiful Rural Cultural Poverty
Alleviation Development Report *Lu Guobin* / 110

Abstract: The beautiful countryside construction is a livelihood project which promotes the rural revitalization and improves the construction of a new socialist countryside. It is also the basis and premise to build a well-off society. Since 18th National Congress of the Communist Party of China, the beautiful countryside has been given a new mission and goal. As the old industrial base, Liaoning province regards the cultural revitalization as an important part of Rural Revitalization while implementing the five development concepts of "innovation, coordination, green, openness and sharing". Culture of poverty alleviation of the beautiful countryside is not only the basis of the rural revitalization, but also the weakness existing in the rural construction. Through case analysis, this paper explains the weakness of rural culture and the strategy of anti-poverty and development. poverty alleviation through case analysisthe implementation effect is remarkable.

Keywords: Beautiful Countryside; Rural Revitalization; Liaoning

B. 8 Research Report on Liaoning Culture and
Financial Development

Gong Xu , Chen Liang and Zhang Zhaofeng / 124

Abstract: In recent years, China's culture industry is flourishing, it has promoted the transformation and upgrading of the national economy effectivelyand enriched the people's spiritual and cultural life. However, from the view of regional development, growth of Liaoning culture has been lower than the national average. In order to identify the development bottleneck of Liaoning culture industry deeply and propose solutions accurately. Based on discussion of culture industry pattern, culture consumption level, enterprises and institutions and industrial park development in Liaoning province, this paper deeply analyzes the current issues of Liaoning culture industry in the integration process of cultural and financial industries. The study found that the inclination of cultural industry policy is insufficient, the supporting policy of cultural finance is imperfect, the kind of financial instruments is less, the development concept of cultural enterprises is outdated. To solve these issues, this paper has put forward the overall development strategy of "finance empowering culture". It has summed up eight development paths, such as " building a national cultural and financial demonstration zone", "improving the construction of cultural and financial system and platform", "improving the value evaluation and trading market of copyright and intellectual property rights" and so on. With the aim to strive for improve the development status of culture industry and support the new energy for the economic development in Liaoning province.

Keywords: Liaoning; Cultural Industry; Culture Finance

189

B.9　Development Report of Liaoning Culture and

Science and Technology Construction　　*Liu Yuhan* / 156

Abstract: In response to the national call, Liaoning Province has in recent years provided policy measures, funds, technology, talents and other aspects of support to guide and promote the development of digital culture industry. From the construction of Digital Public Cultural Service Platform to the digital management of museums, from the development of artificial intelligence (AI) technology to the application of VR and 3D technology, all walks of life in the cultural field of Liaoning Province have inserted the wings of science and technology one after another, show the continuous impetus to the development of culture. However, compared with some economically developed areas in the south, the integration of culture, science and technology in Liaoning Province is still backward in scale and speed of development, and the integration of culture and technology is insufficient. Based on this, the author puts forward some improvement ideas from innovation chain, industry chain, financial chain and talent chain, so as to promote the integration of culture, science and technology in Liaoning.

Keywords: Liaoning; Culture Science and Technology; Cultural Industry

皮 书

智库成果出版与传播平台

❖ 皮书定义 ❖

皮书是对中国与世界发展状况和热点问题进行年度监测，以专业的角度、专家的视野和实证研究方法，针对某一领域或区域现状与发展态势展开分析和预测，具备前沿性、原创性、实证性、连续性、时效性等特点的公开出版物，由一系列权威研究报告组成。

❖ 皮书作者 ❖

皮书系列报告作者以国内外一流研究机构、知名高校等重点智库的研究人员为主，多为相关领域一流专家学者，他们的观点代表了当下学界对中国与世界的现实和未来最高水平的解读与分析。截至 2021 年底，皮书研创机构逾千家，报告作者累计超过 10 万人。

❖ 皮书荣誉 ❖

皮书作为中国社会科学院基础理论研究与应用对策研究融合发展的代表性成果，不仅是哲学社会科学工作者服务中国特色社会主义现代化建设的重要成果，更是助力中国特色新型智库建设、构建中国特色哲学社会科学"三大体系"的重要平台。皮书系列先后被列入"十二五""十三五""十四五"时期国家重点出版物出版专项规划项目；2013~2022 年，重点皮书列入中国社会科学院国家哲学社会科学创新工程项目。

权威报告·连续出版·独家资源

皮书数据库
ANNUAL REPORT(YEARBOOK) DATABASE

分析解读当下中国发展变迁的高端智库平台

所获荣誉

- 2020年，入选全国新闻出版深度融合发展创新案例
- 2019年，入选国家新闻出版署数字出版精品遴选推荐计划
- 2016年，入选"十三五"国家重点电子出版物出版规划骨干工程
- 2013年，荣获"中国出版政府奖·网络出版物奖"提名奖
- 连续多年荣获中国数字出版博览会"数字出版·优秀品牌"奖

皮书数据库

"社科数托邦"
微信公众号

成为会员

　　登录网址www.pishu.com.cn访问皮书数据库网站或下载皮书数据库APP，通过手机号码验证或邮箱验证即可成为皮书数据库会员。

会员福利

- 已注册用户购书后可免费获赠100元皮书数据库充值卡。刮开充值卡涂层获取充值密码，登录并进入"会员中心"—"在线充值"—"充值卡充值"，充值成功即可购买和查看数据库内容。
- 会员福利最终解释权归社会科学文献出版社所有。

社会科学文献出版社 皮书系列
SOCIAL SCIENCES ACADEMIC PRESS (CHINA)

卡号：612716967286
密码：

数据库服务热线：400-008-6695
数据库服务QQ：2475522410
数据库服务邮箱：database@ssap.cn
图书销售热线：010-59367070/7028
图书服务QQ：1265056568
图书服务邮箱：duzhe@ssap.cn

S 基本子库
SUB DATABASE

中国社会发展数据库（下设 12 个专题子库）

紧扣人口、政治、外交、法律、教育、医疗卫生、资源环境等 12 个社会发展领域的前沿和热点，全面整合专业著作、智库报告、学术资讯、调研数据等类型资源，帮助用户追踪中国社会发展动态、研究社会发展战略与政策、了解社会热点问题、分析社会发展趋势。

中国经济发展数据库（下设 12 专题子库）

内容涵盖宏观经济、产业经济、工业经济、农业经济、财政金融、房地产经济、城市经济、商业贸易等 12 个重点经济领域，为把握经济运行态势、洞察经济发展规律、研判经济发展趋势、进行经济调控决策提供参考和依据。

中国行业发展数据库（下设 17 个专题子库）

以中国国民经济行业分类为依据，覆盖金融业、旅游业、交通运输业、能源矿产业、制造业等 100 多个行业，跟踪分析国民经济相关行业市场运行状况和政策导向，汇集行业发展前沿资讯，为投资、从业及各种经济决策提供理论支撑和实践指导。

中国区域发展数据库（下设 4 个专题子库）

对中国特定区域内的经济、社会、文化等领域现状与发展情况进行深度分析和预测，涉及省级行政区、城市群、城市、农村等不同维度，研究层级至县及县以下行政区，为学者研究地方经济社会宏观态势、经验模式、发展案例提供支撑，为地方政府决策提供参考。

中国文化传媒数据库（下设 18 个专题子库）

内容覆盖文化产业、新闻传播、电影娱乐、文学艺术、群众文化、图书情报等 18 个重点研究领域，聚焦文化传媒领域发展前沿、热点话题、行业实践，服务用户的教学科研、文化投资、企业规划等需要。

世界经济与国际关系数据库（下设 6 个专题子库）

整合世界经济、国际政治、世界文化与科技、全球性问题、国际组织与国际法、区域研究 6 大领域研究成果，对世界经济形势、国际形势进行连续性深度分析，对年度热点问题进行专题解读，为研判全球发展趋势提供事实和数据支持。

法律声明